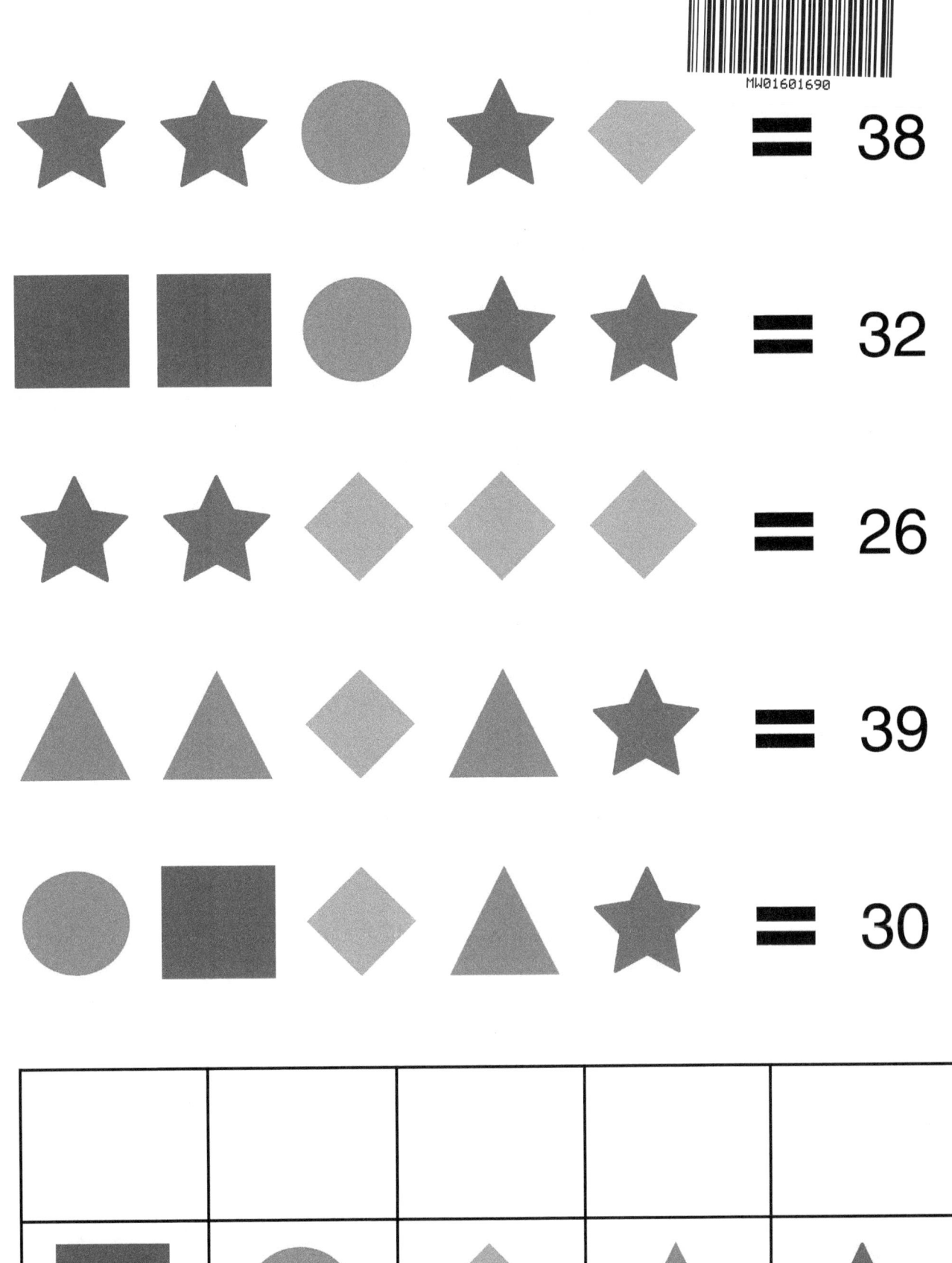

3	6	2	9	10
■	●	◆	▲	★

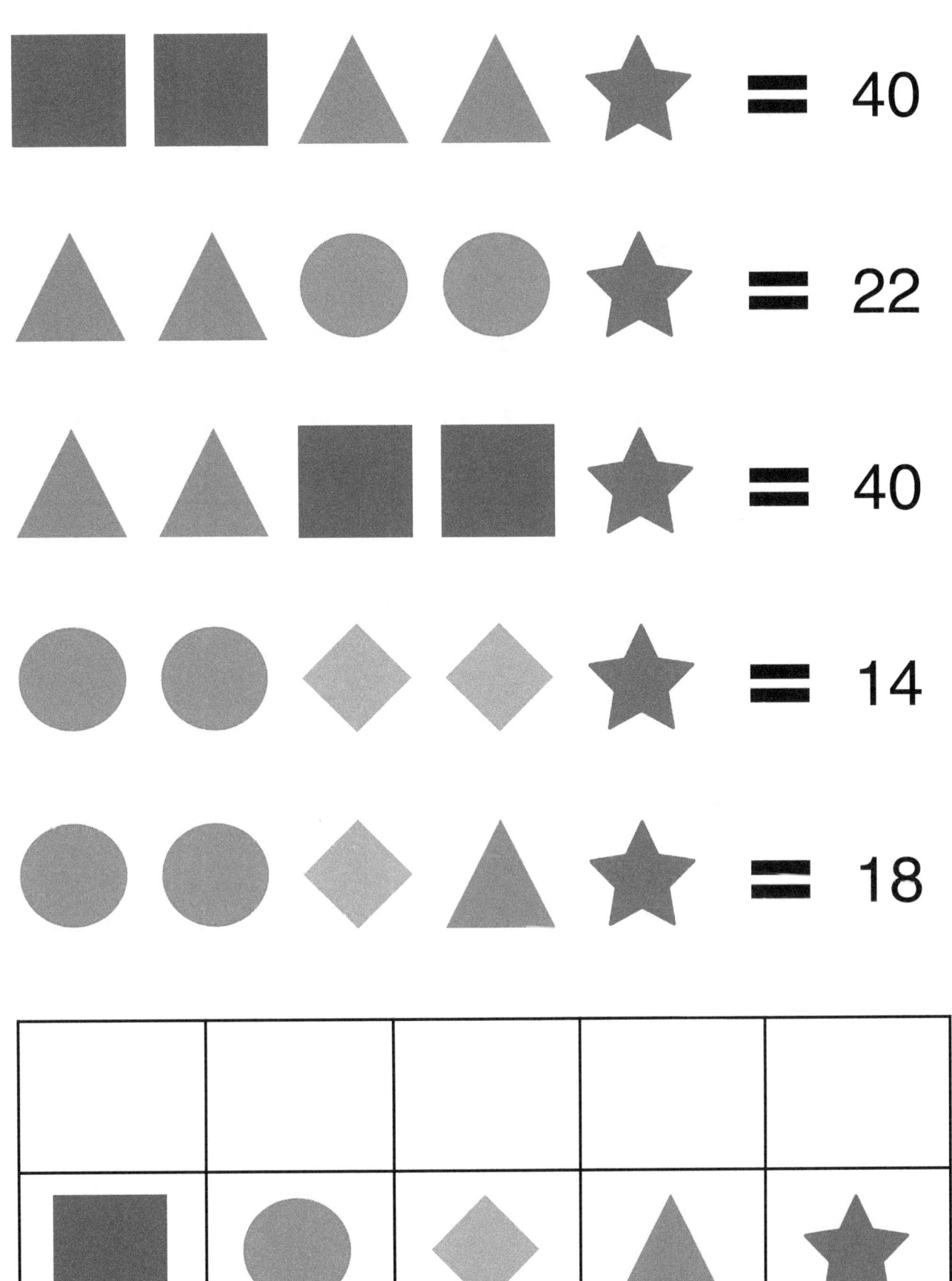

11	2	3	7	4
■	●	◆	▲	★

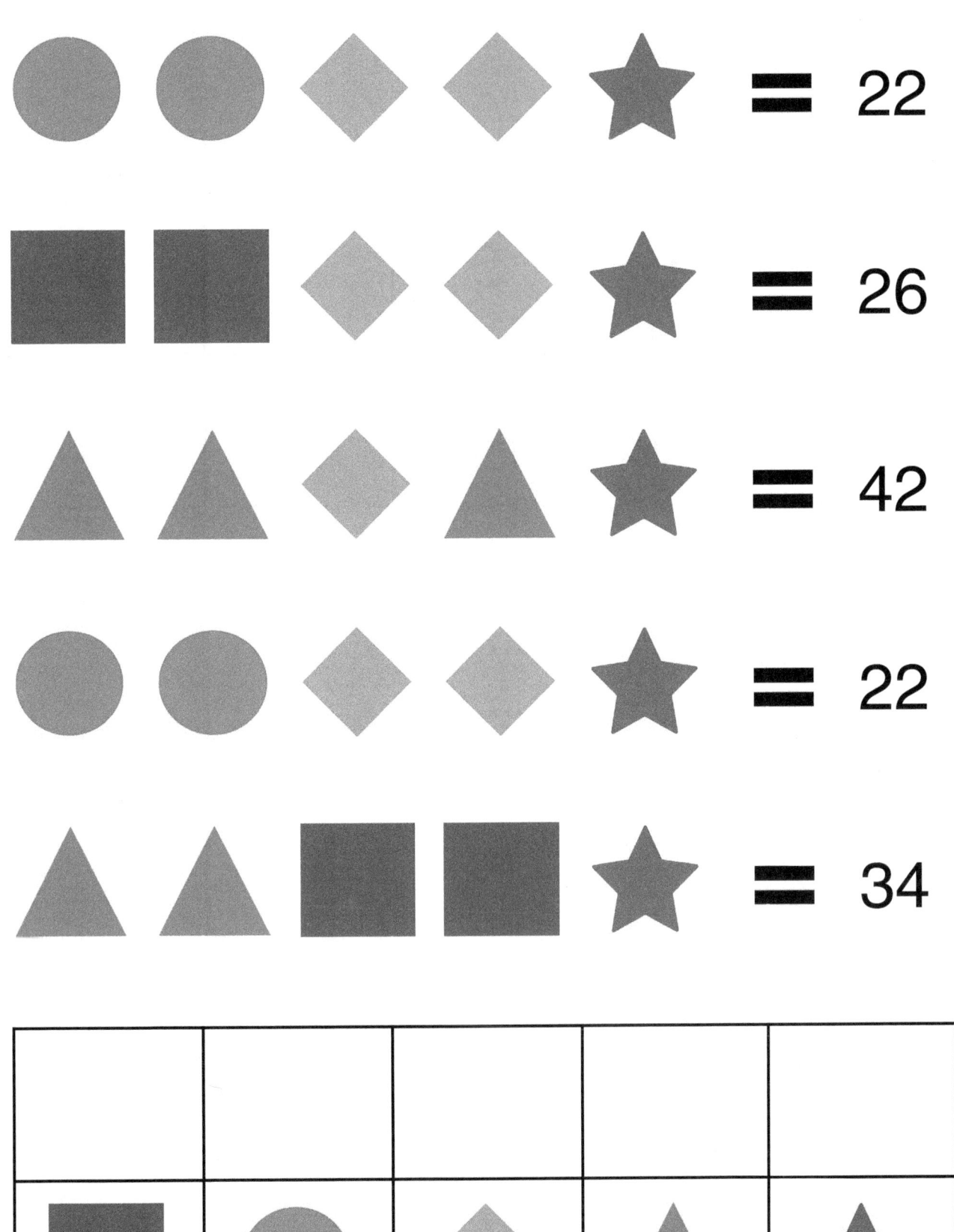

3	1	5	9	10
■	●	◆	▲	★

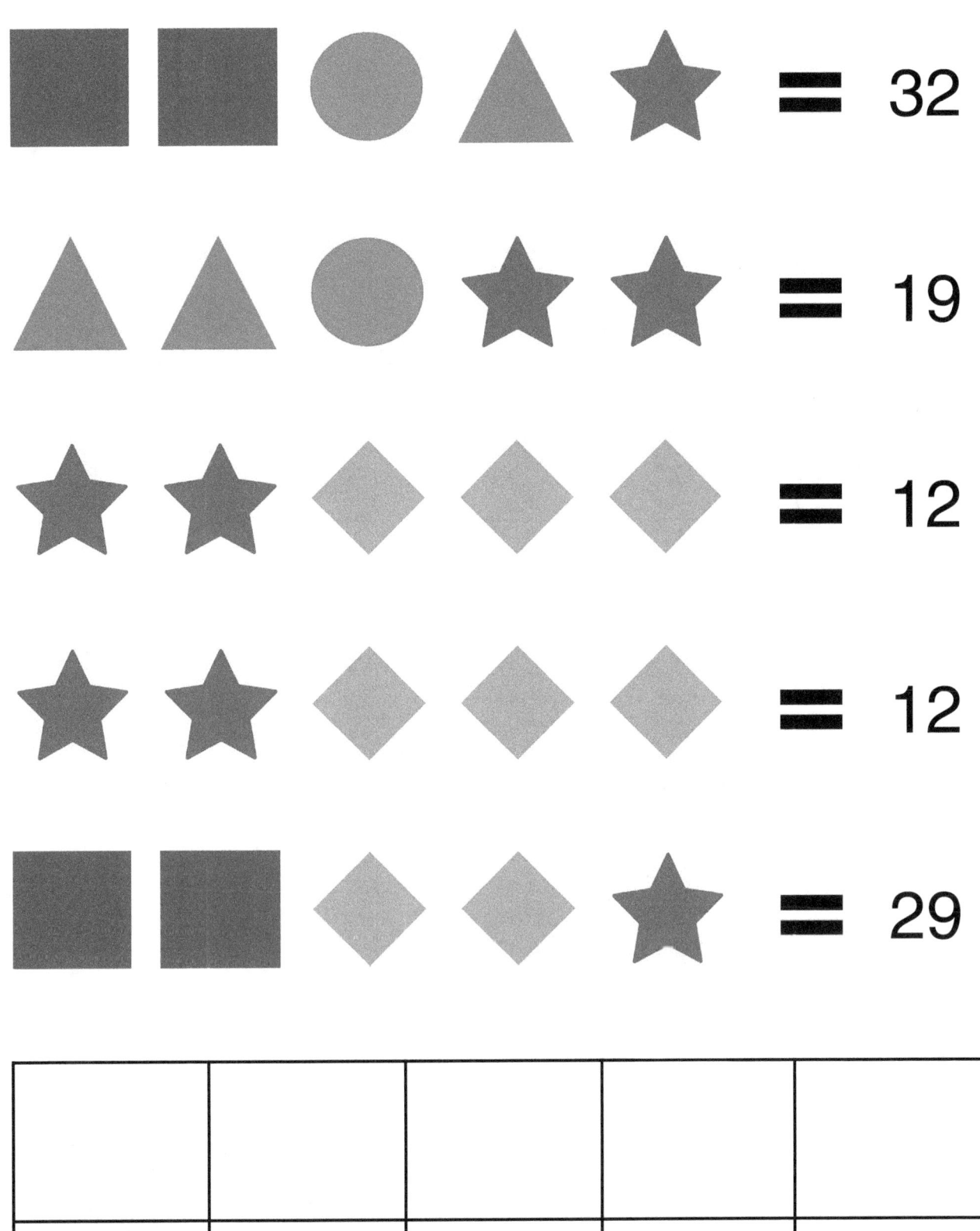

11	1	2	6	3
■	●	◆	▲	★

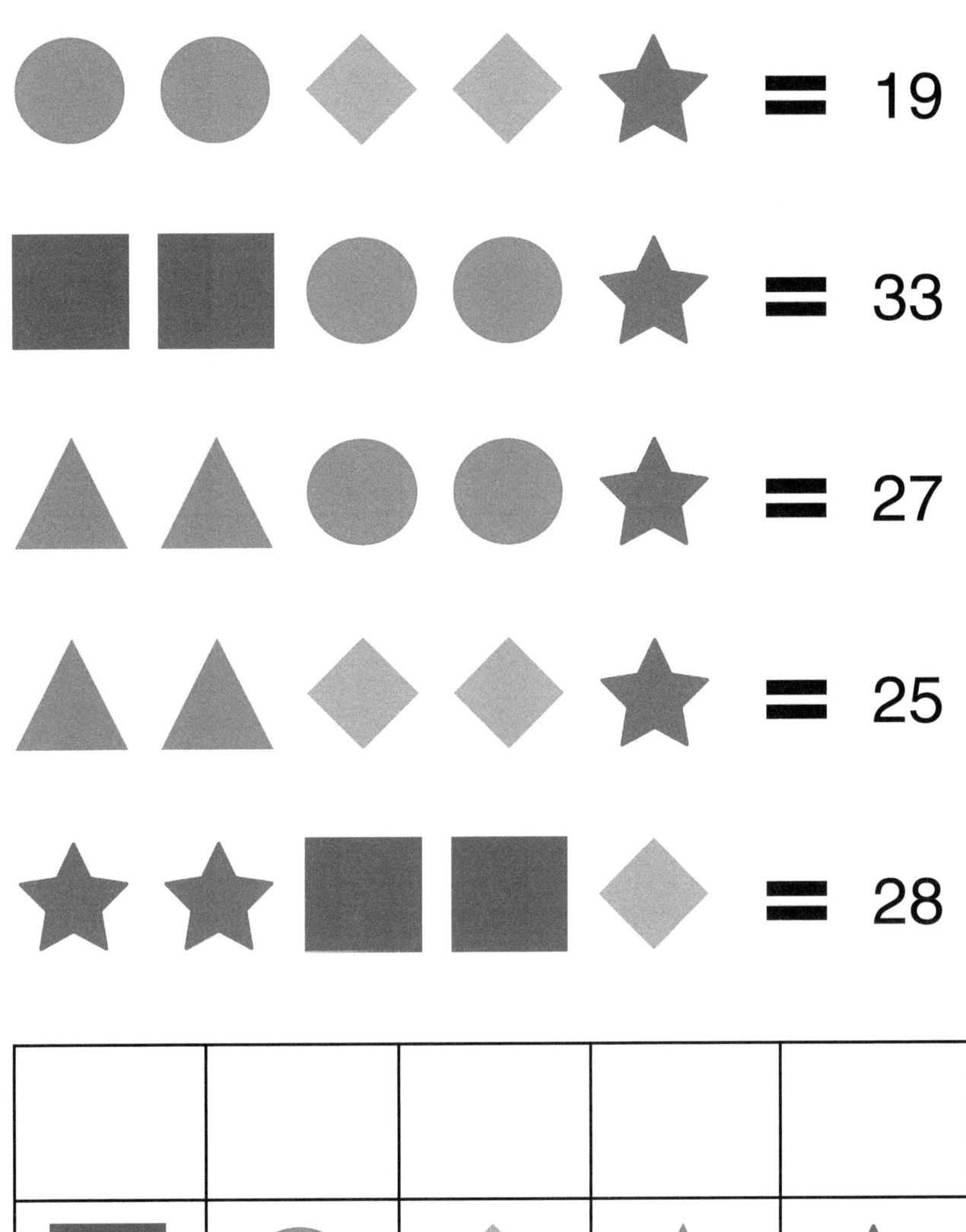

11	5	4	8	1
■	●	◆	▲	★

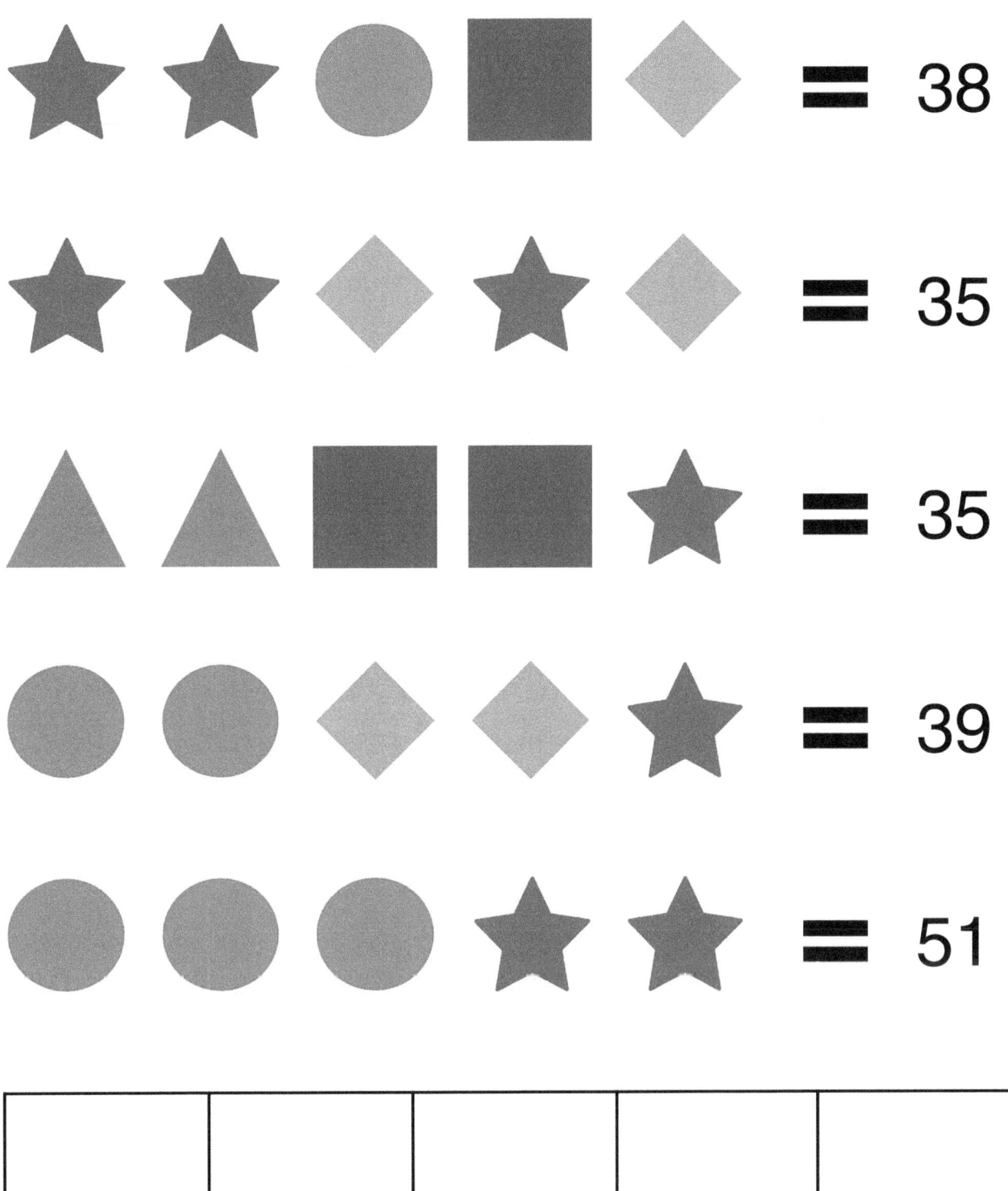

5	11	4	8	9
■	●	◆	▲	★

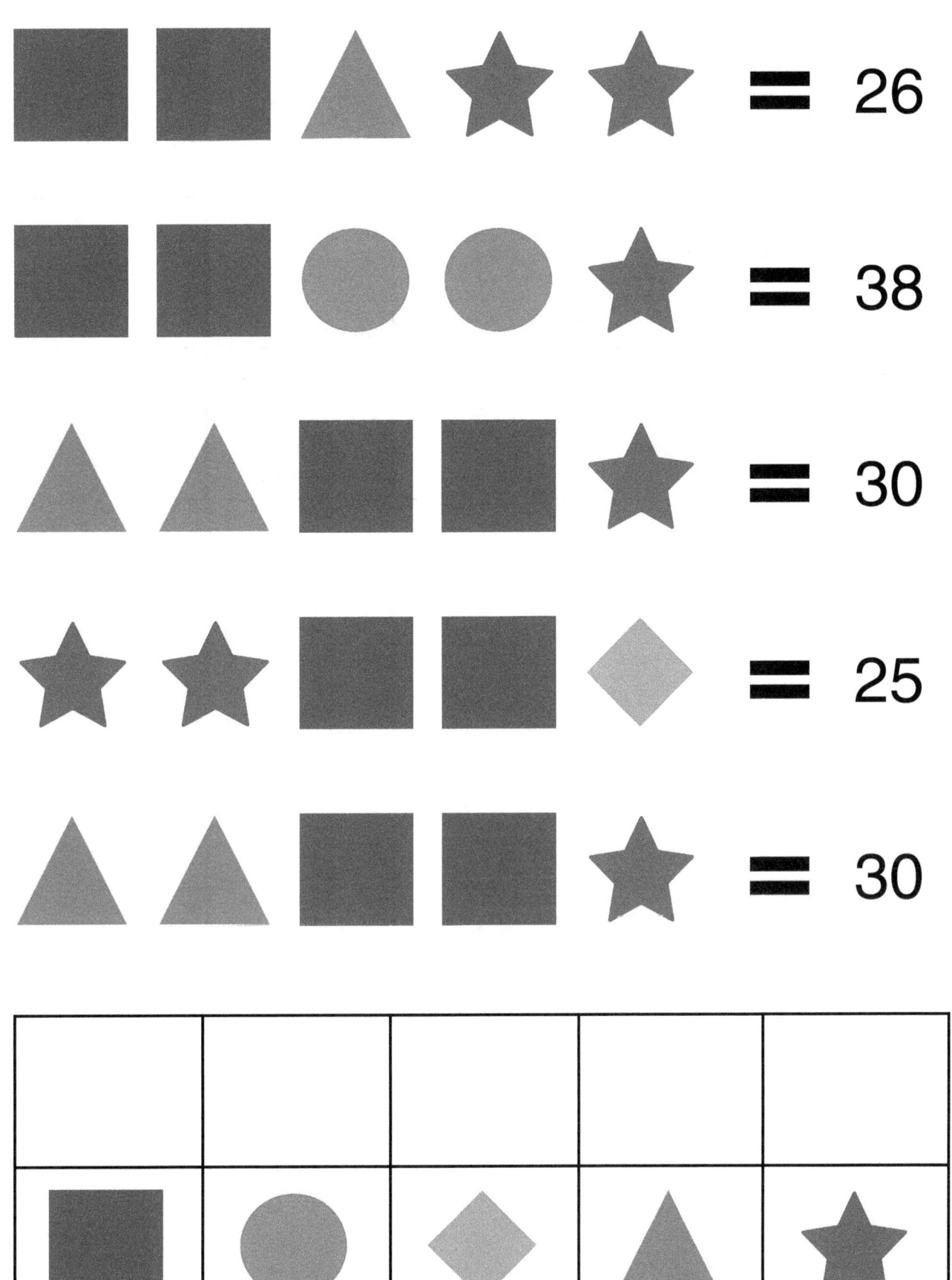

8	10	5	6	2
■	●	◆	▲	★

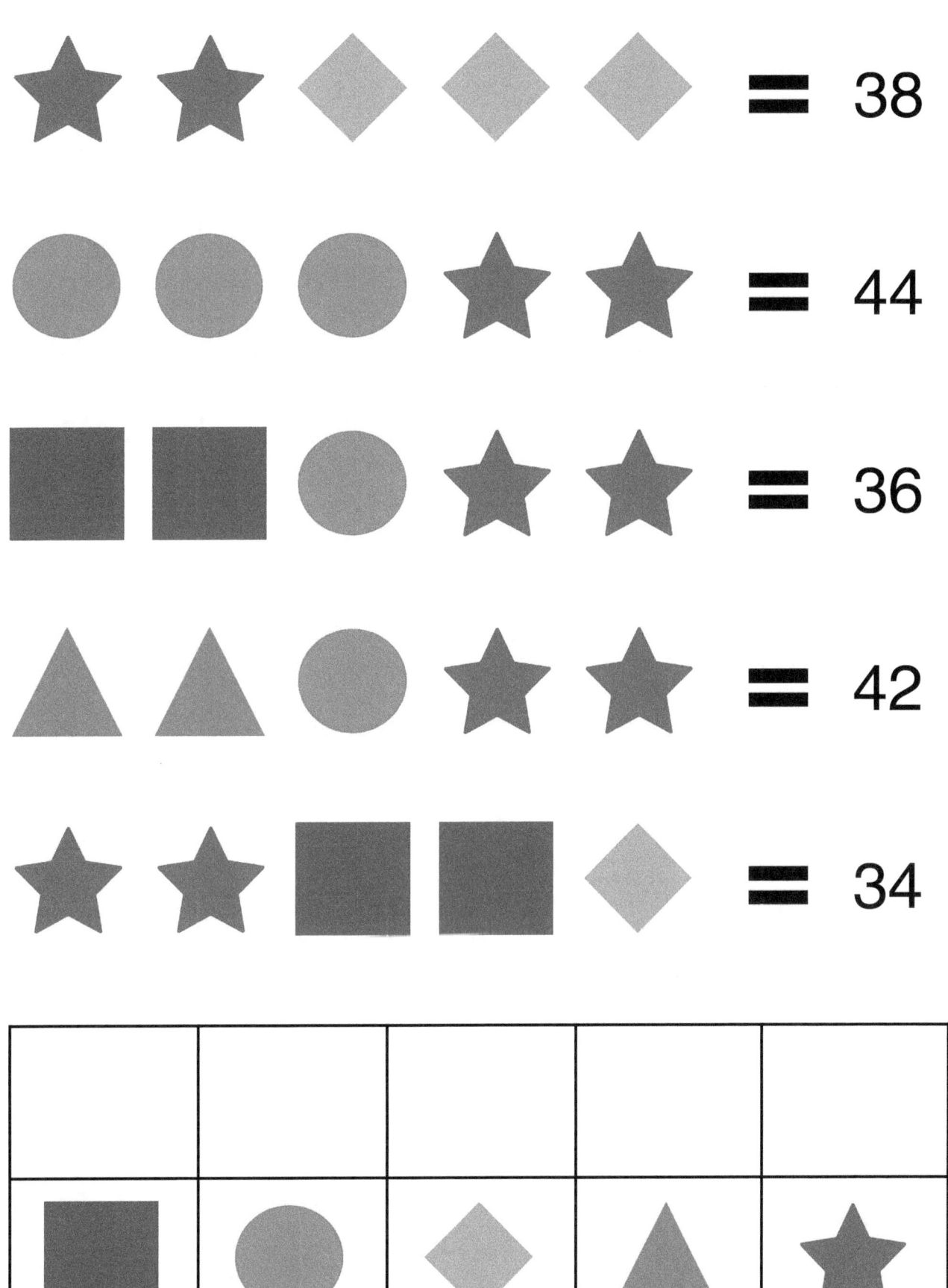

6	10	8	9	7
■	●	◆	▲	★

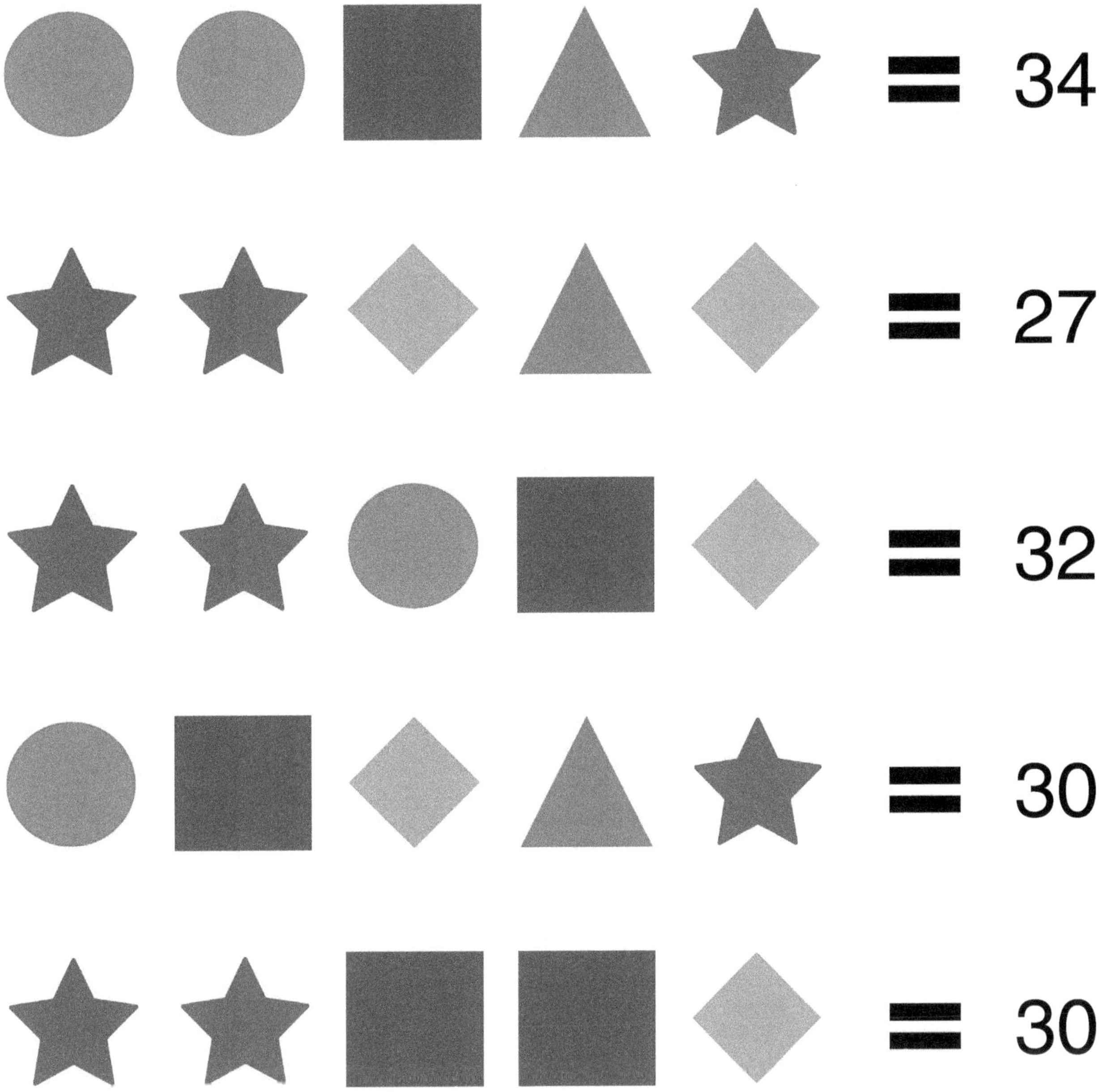

○ ○ ■ ▲ ★ = 34

★ ★ ◆ ▲ ◆ = 27

★ ★ ● ■ ◆ = 32

● ■ ◆ ▲ ★ = 30

★ ★ ■ ■ ◆ = 30

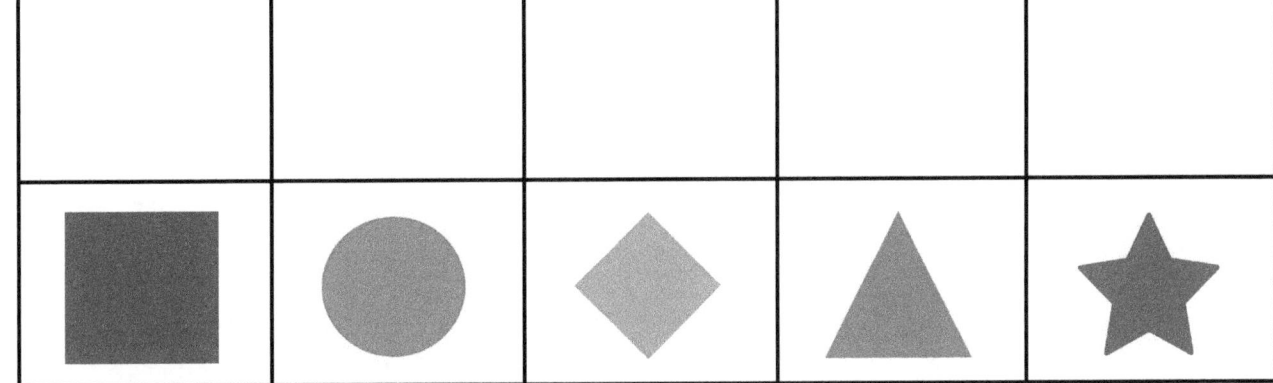

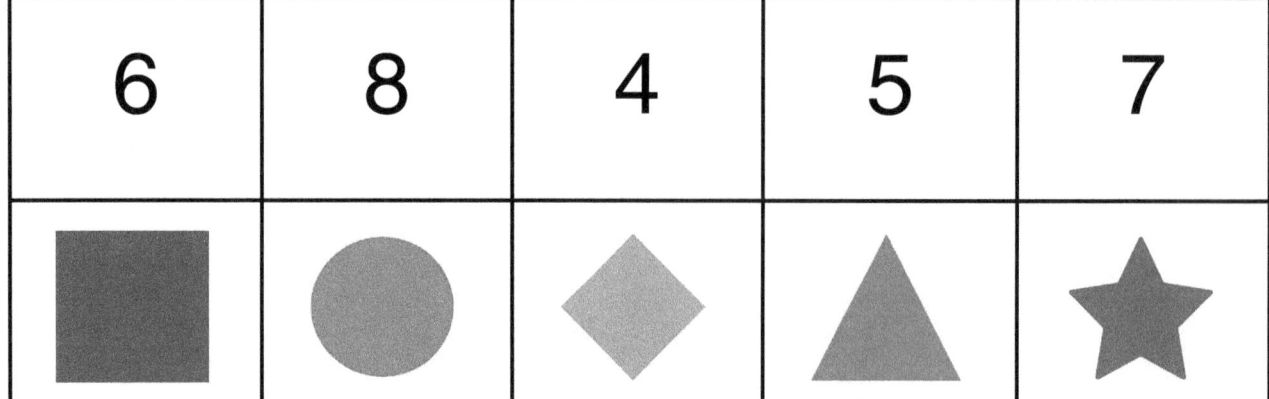

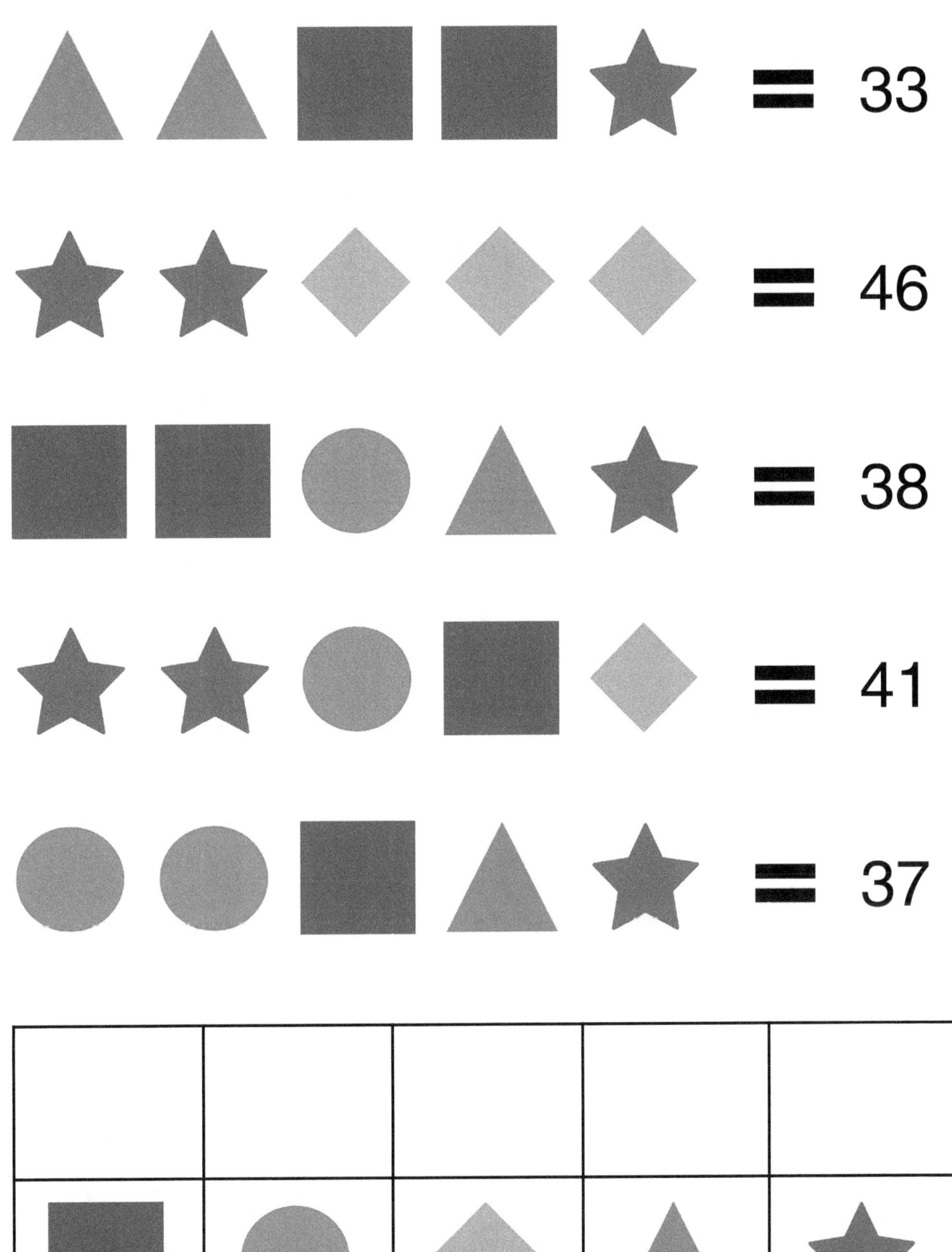

10	9	12	4	5
■	●	◆	▲	★

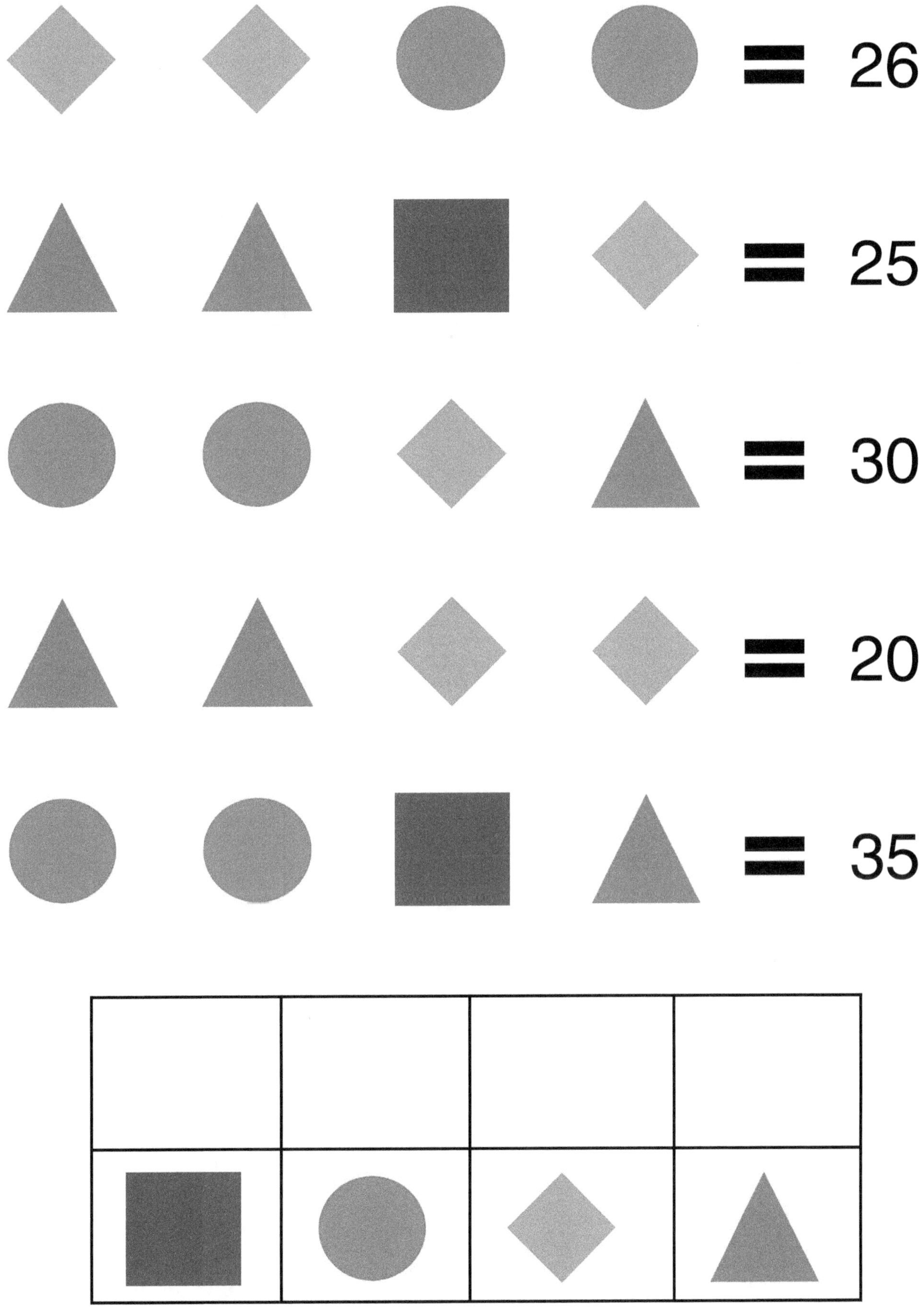

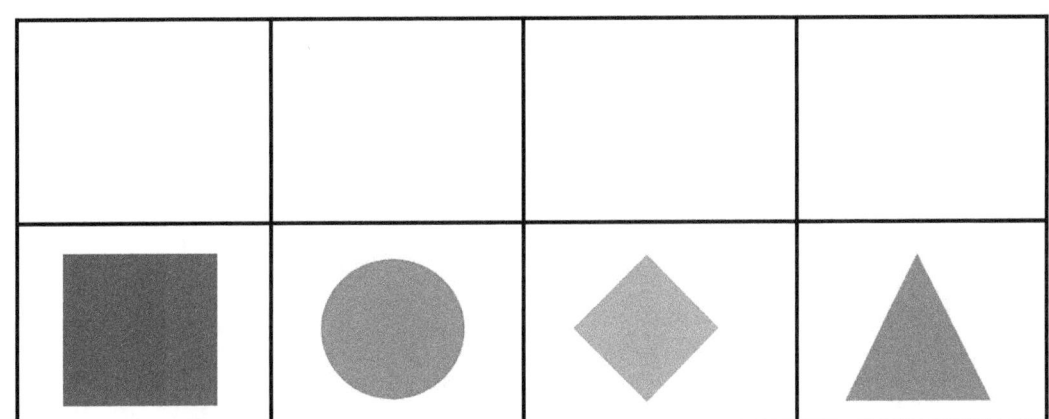

$\diamond \ \diamond \ \bigcirc \ \bigcirc \ = \ 26$

$\triangle \ \triangle \ \blacksquare \ \diamond \ = \ 25$

$\bigcirc \ \bigcirc \ \diamond \ \triangle \ = \ 30$

$\triangle \ \triangle \ \diamond \ \diamond \ = \ 20$

$\bigcirc \ \bigcirc \ \blacksquare \ \triangle \ = \ 35$

8	10	3	7
■	●	◆	▲

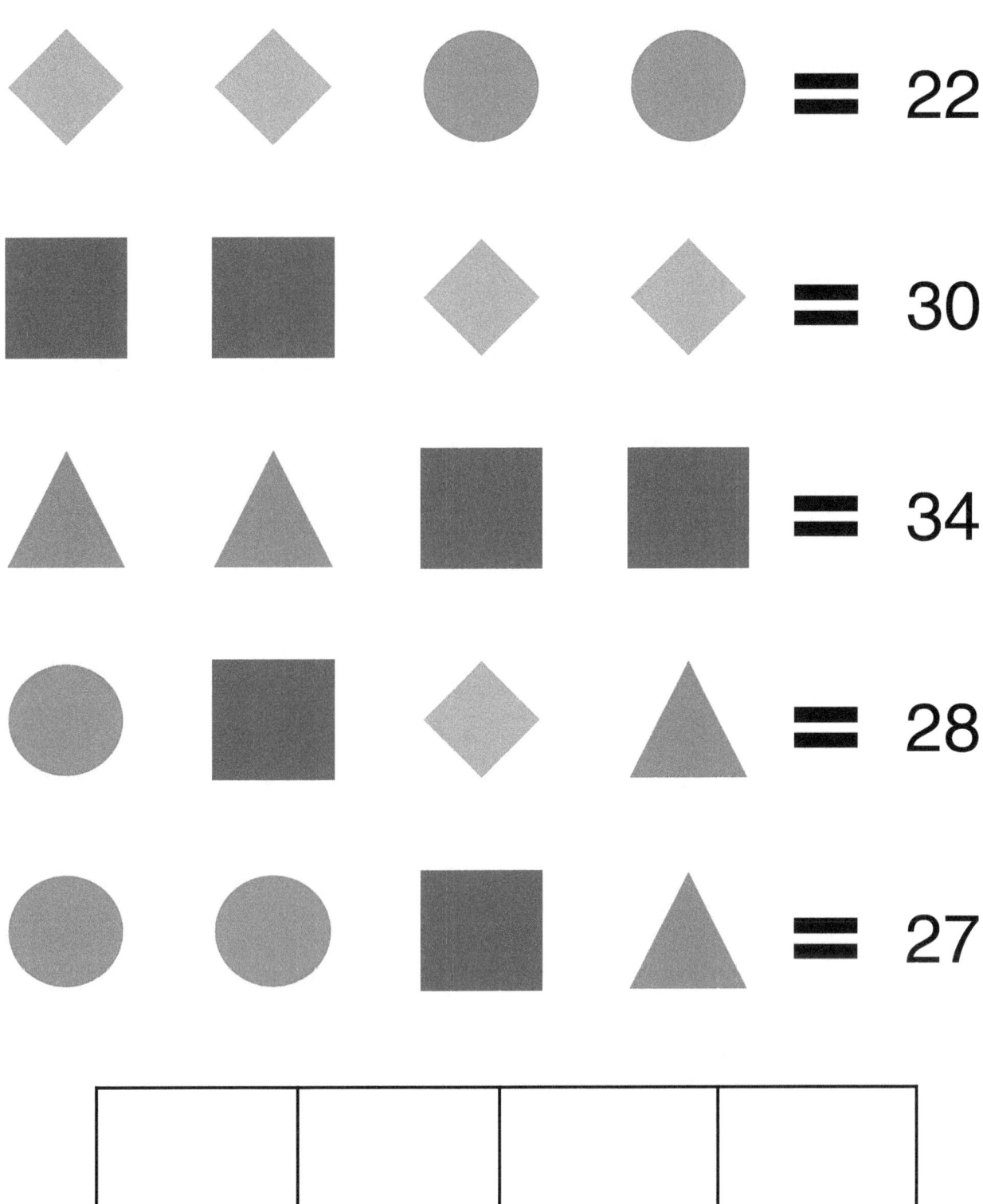

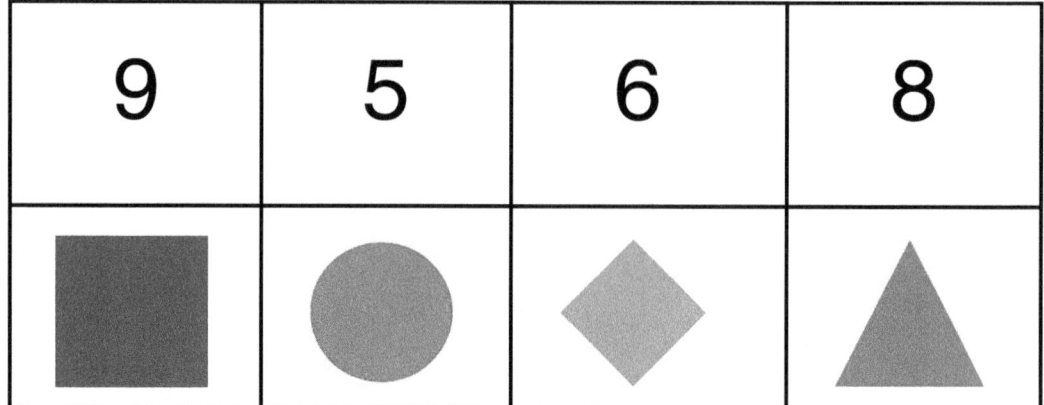

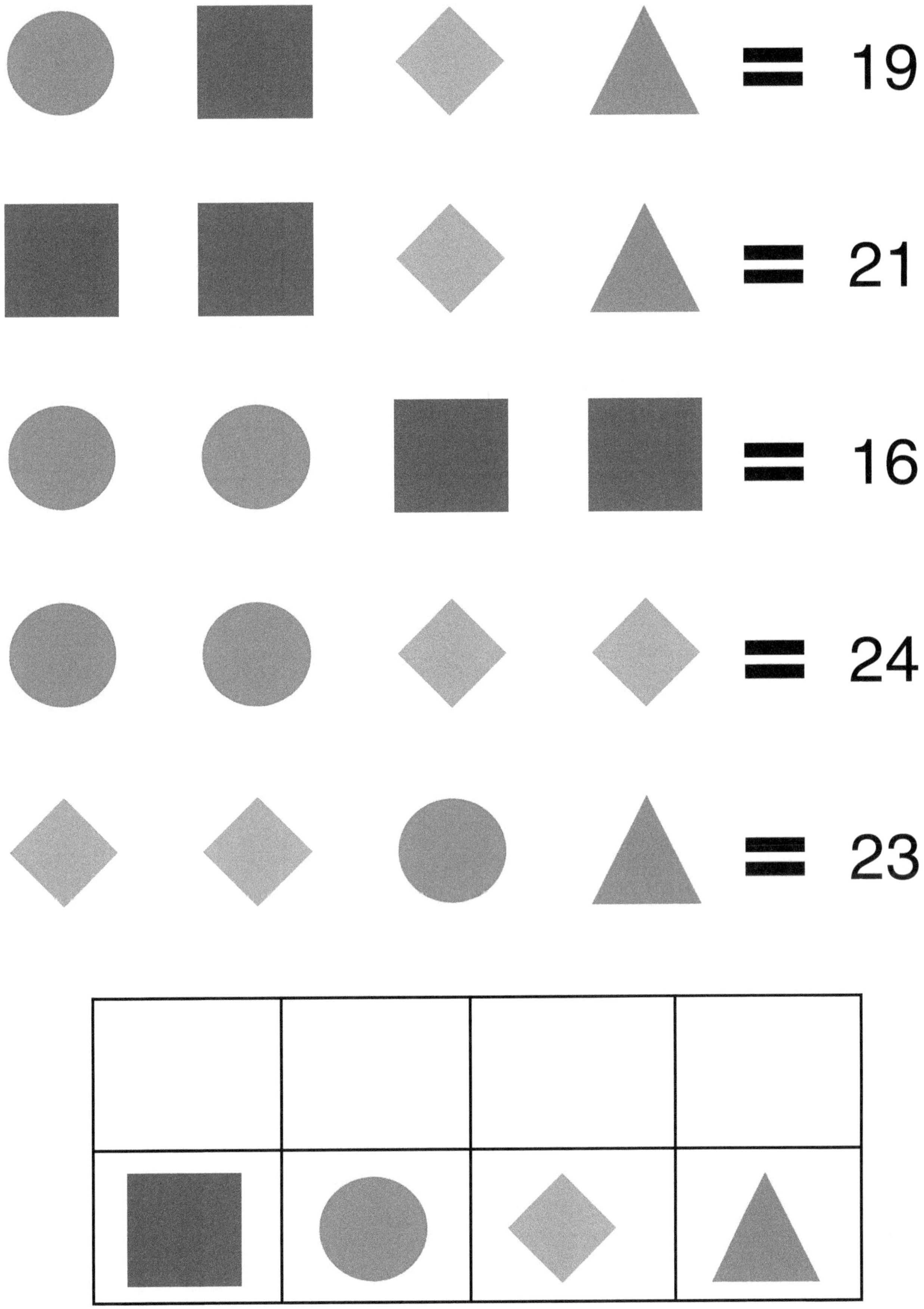

● ■ ◆ ▲ = 19

■ ■ ◆ ▲ = 21

● ● ■ ■ = 16

● ● ◆ ◆ = 24

◆ ◆ ● ▲ = 23

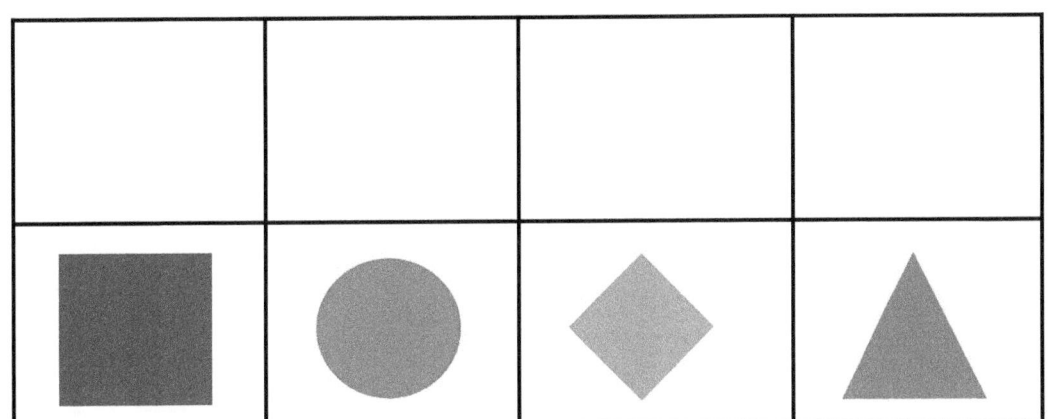

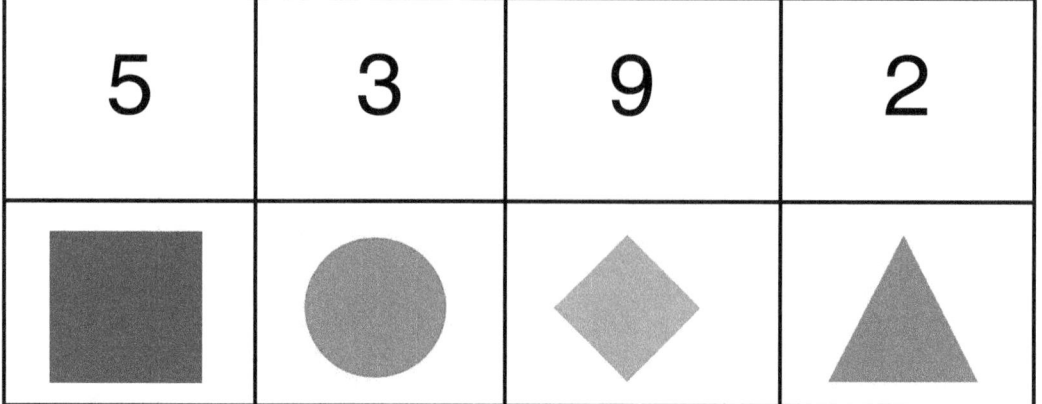

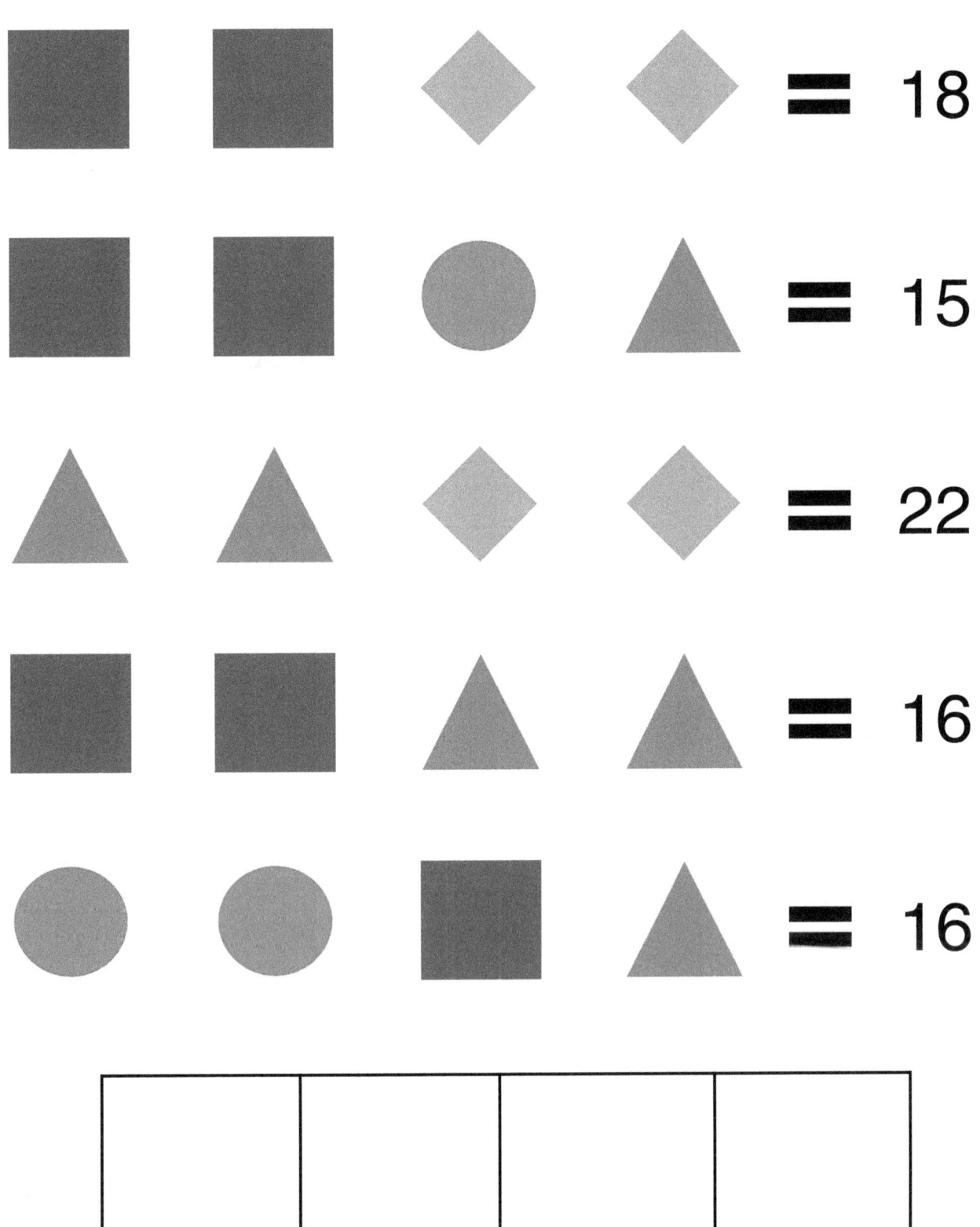

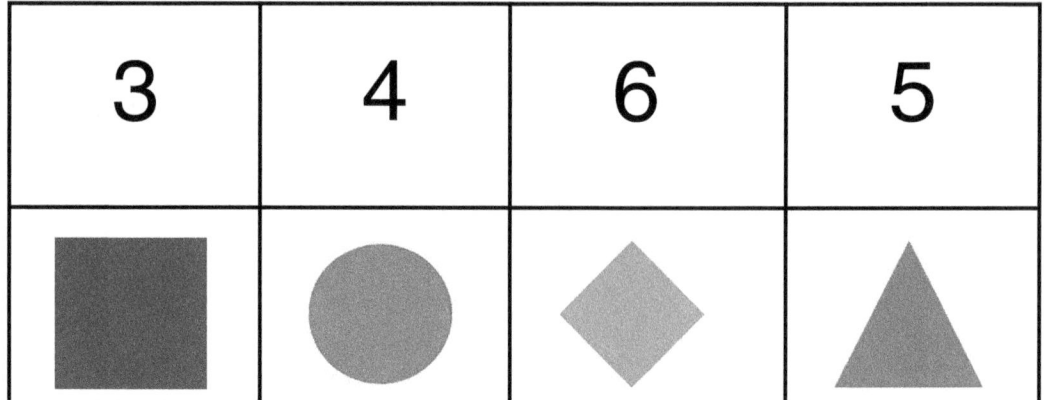

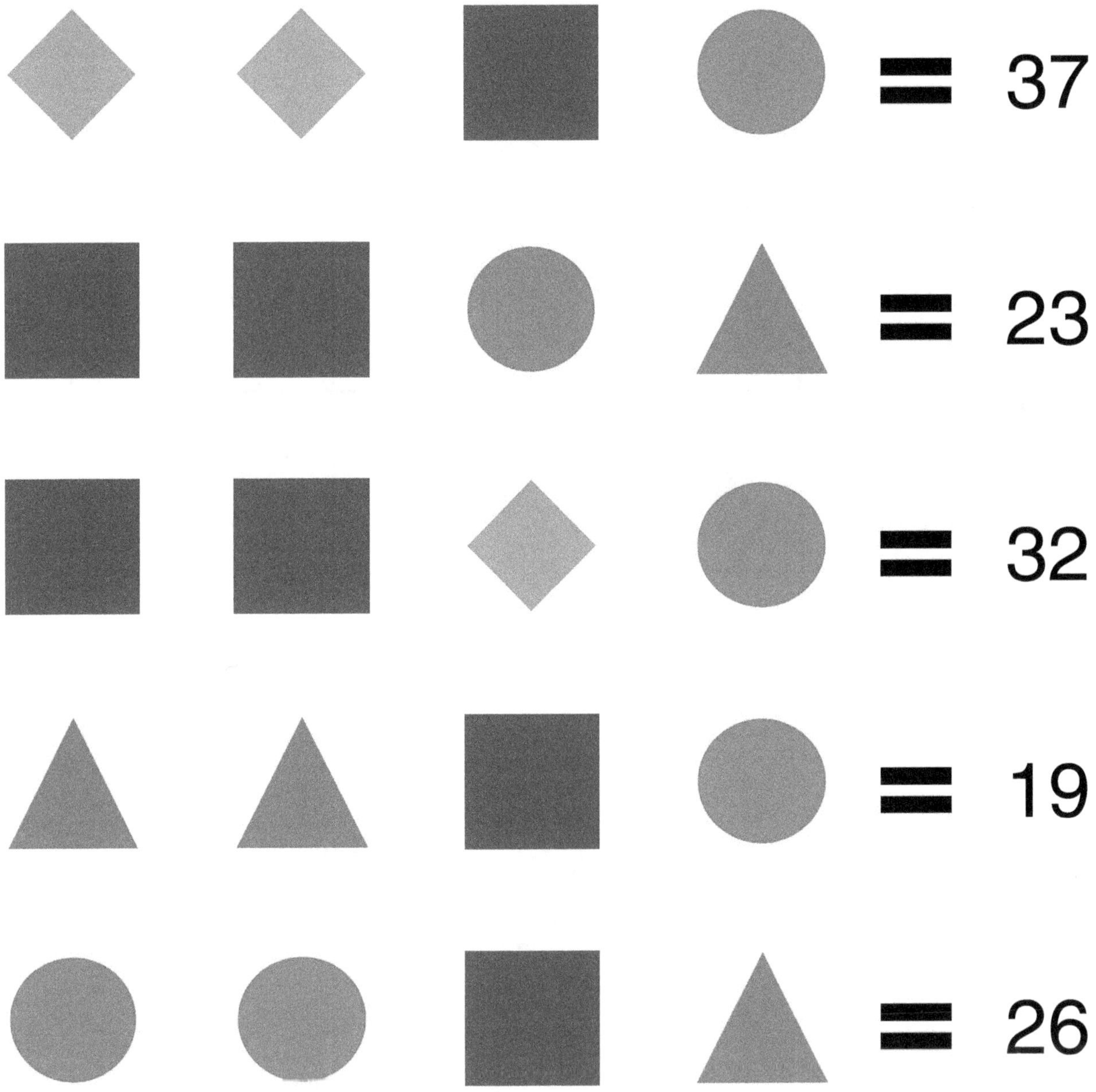

◆ + ◆ + ■ + ● = 37

■ + ■ + ● + ▲ = 23

■ + ■ + ◆ + ● = 32

▲ + ▲ + ■ + ● = 19

● + ● + ■ + ▲ = 26

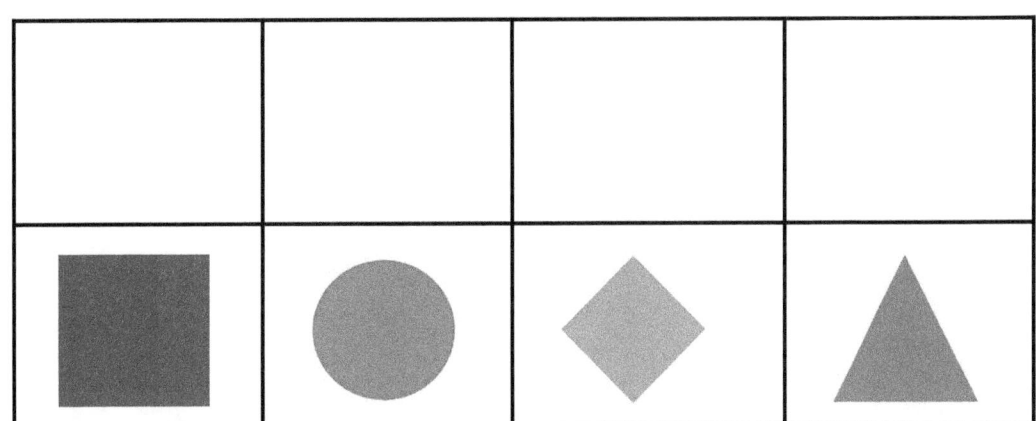

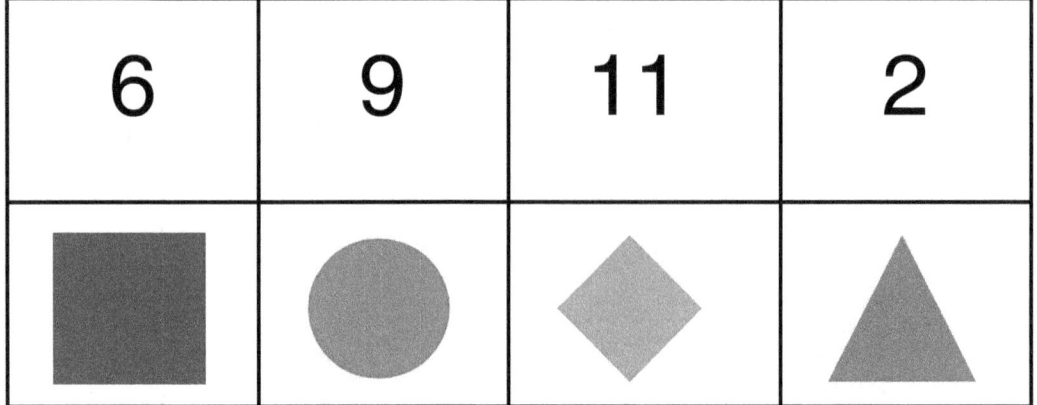

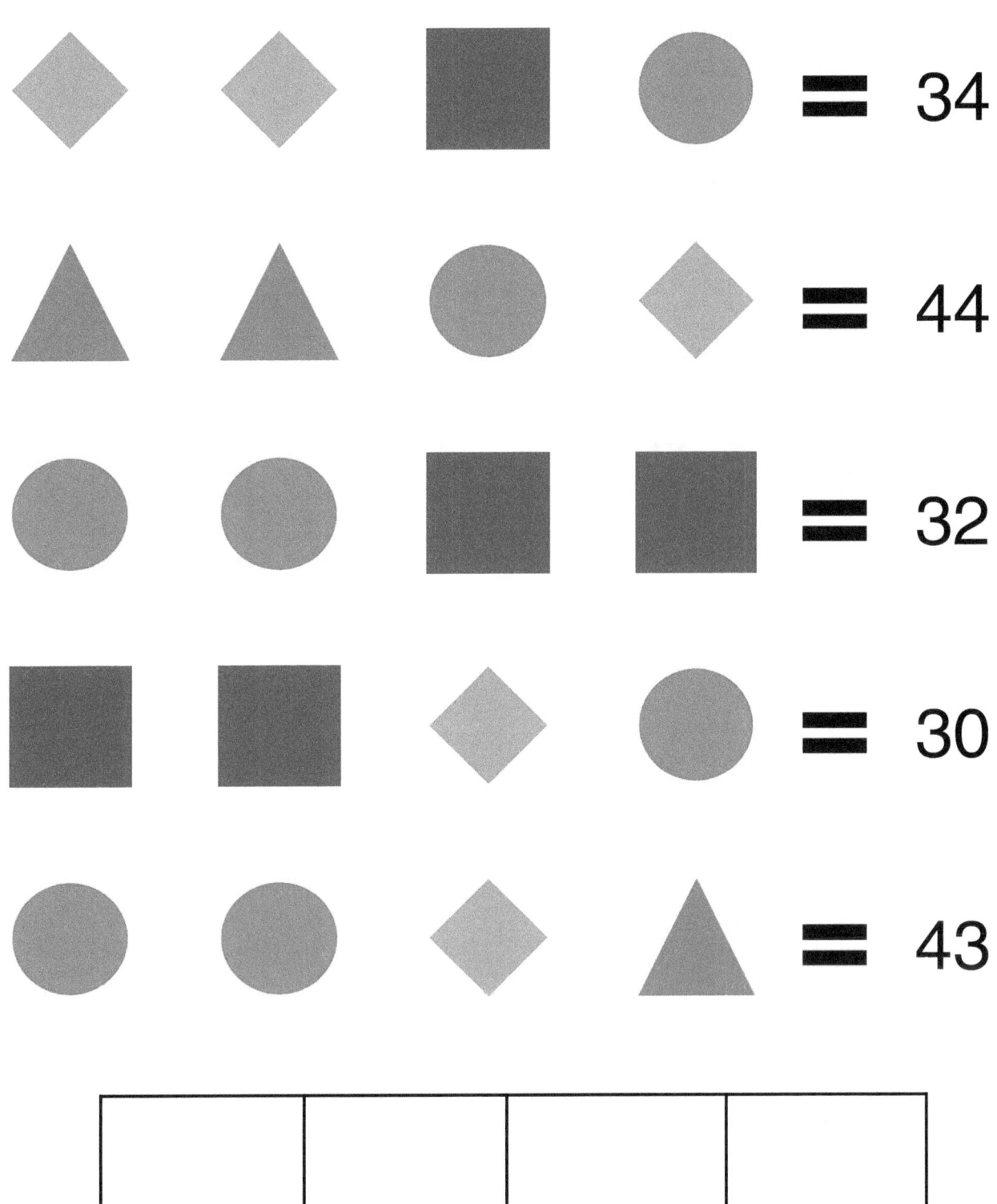

5	11	9	12
■	●	◆	▲

○ ○ ◆ ◆ = 8

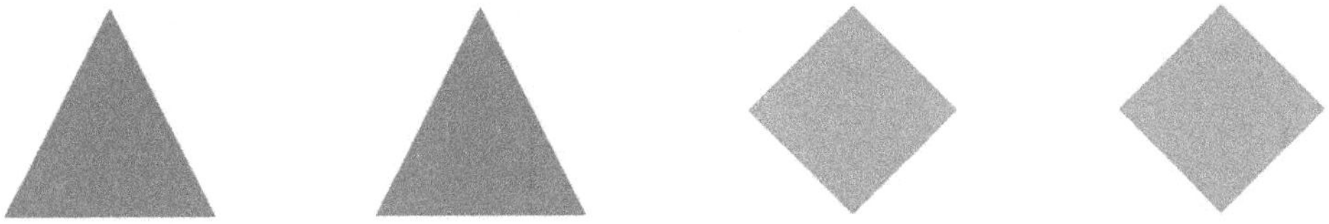

△ △ ◇ ◇ = 6

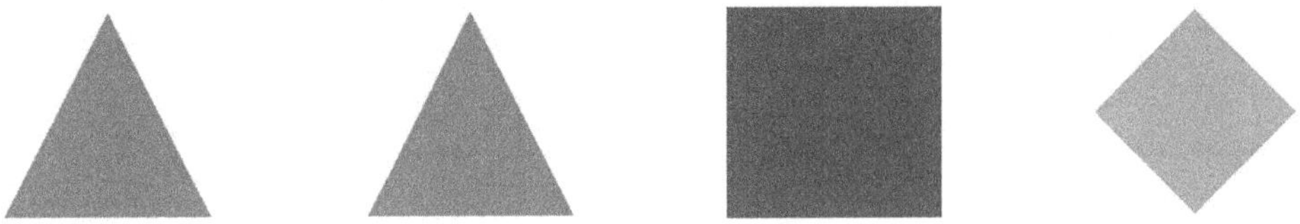

△ △ ■ ◇ = 10

■ ■ △ △ = 14

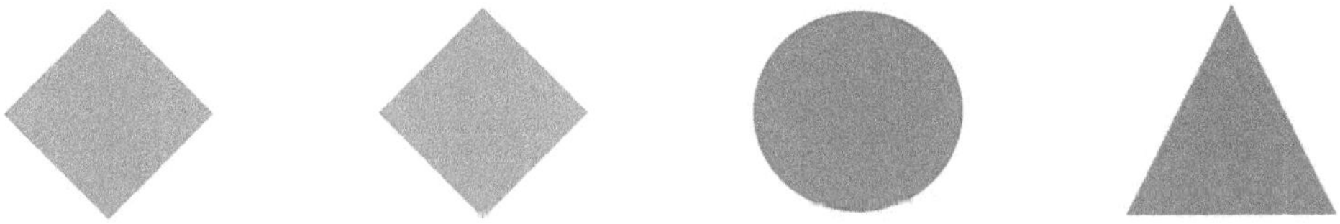

◇ ◇ ● △ = 7

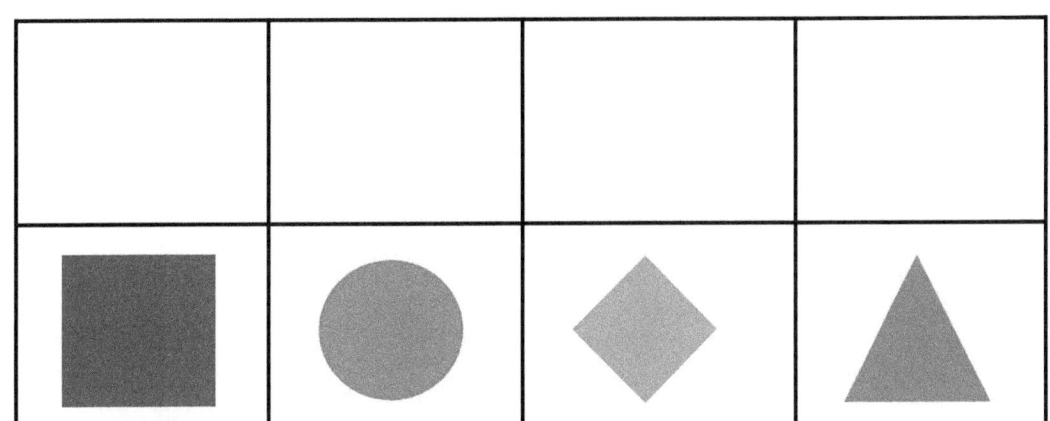

5	3	1	2
■	●	◆	▲

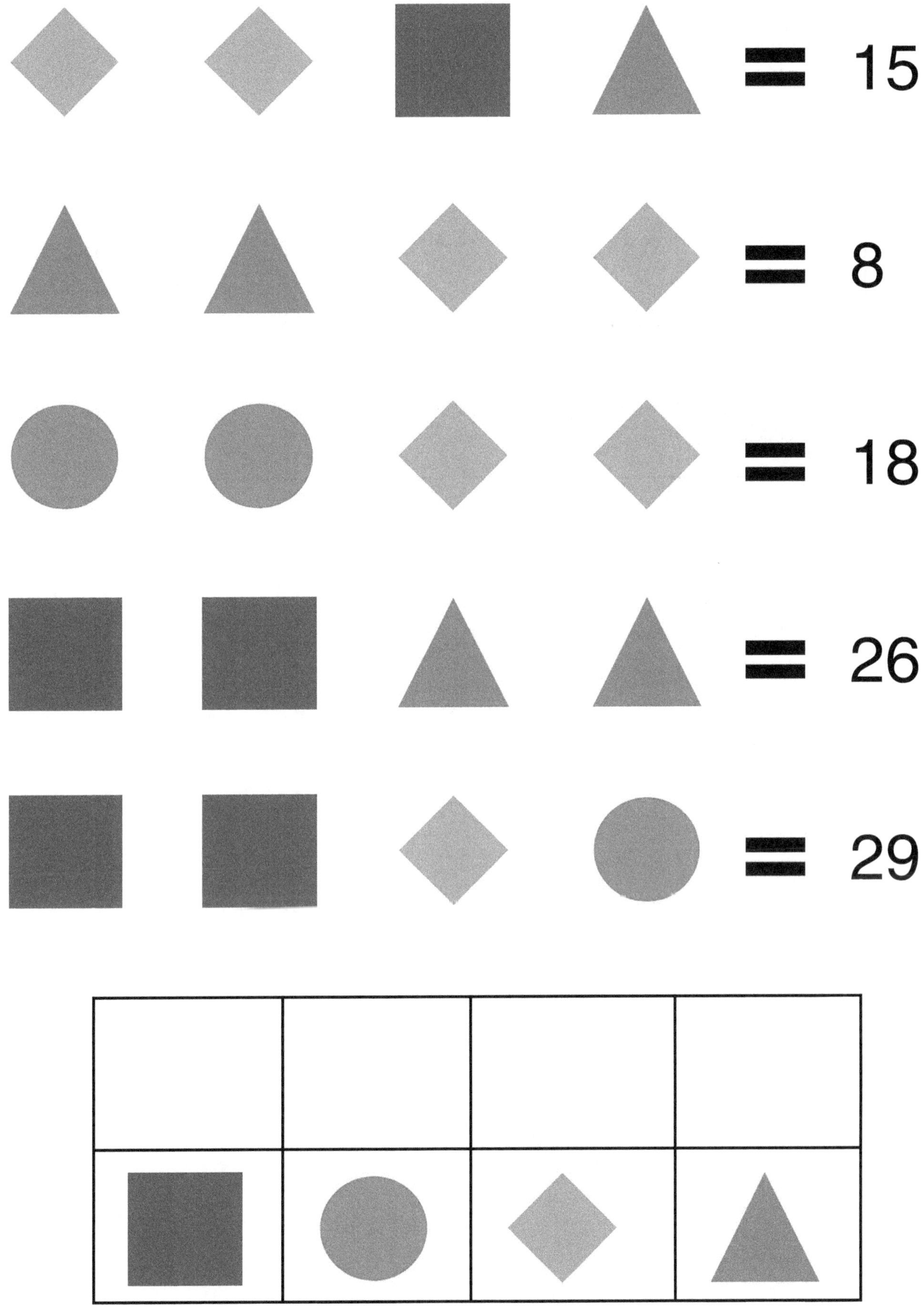

◆ + ◆ + ■ + ▲ = 15

▲ + ▲ + ◆ + ◆ = 8

● + ● + ◆ + ◆ = 18

■ + ■ + ▲ + ▲ = 26

■ + ■ + ◆ + ● = 29

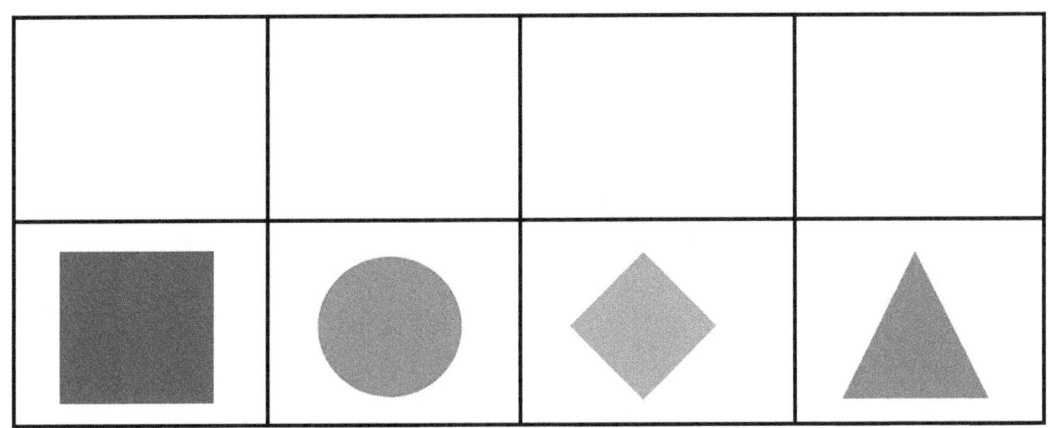

10	8	1	3

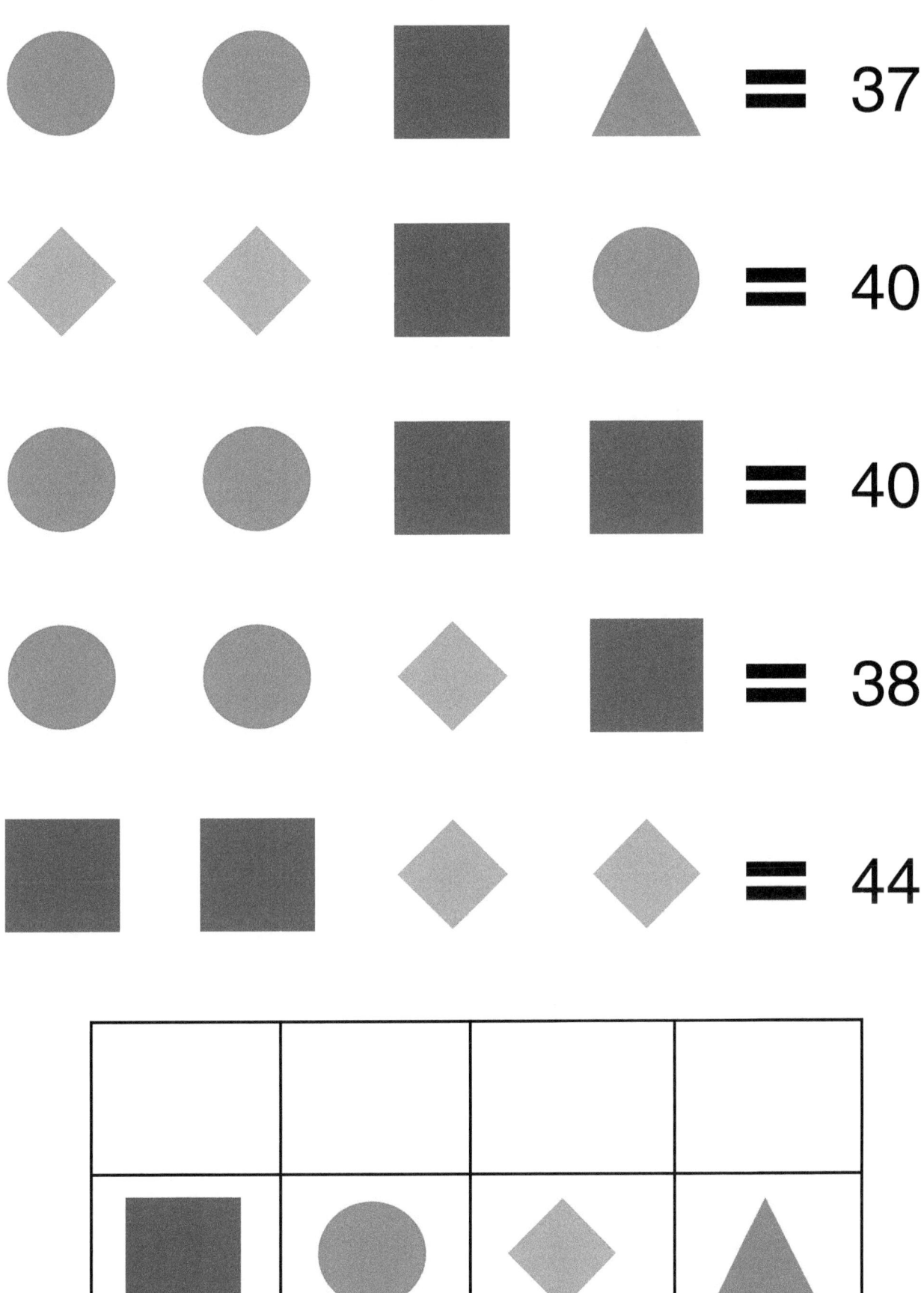

12	8	10	9
■	●	◆	▲

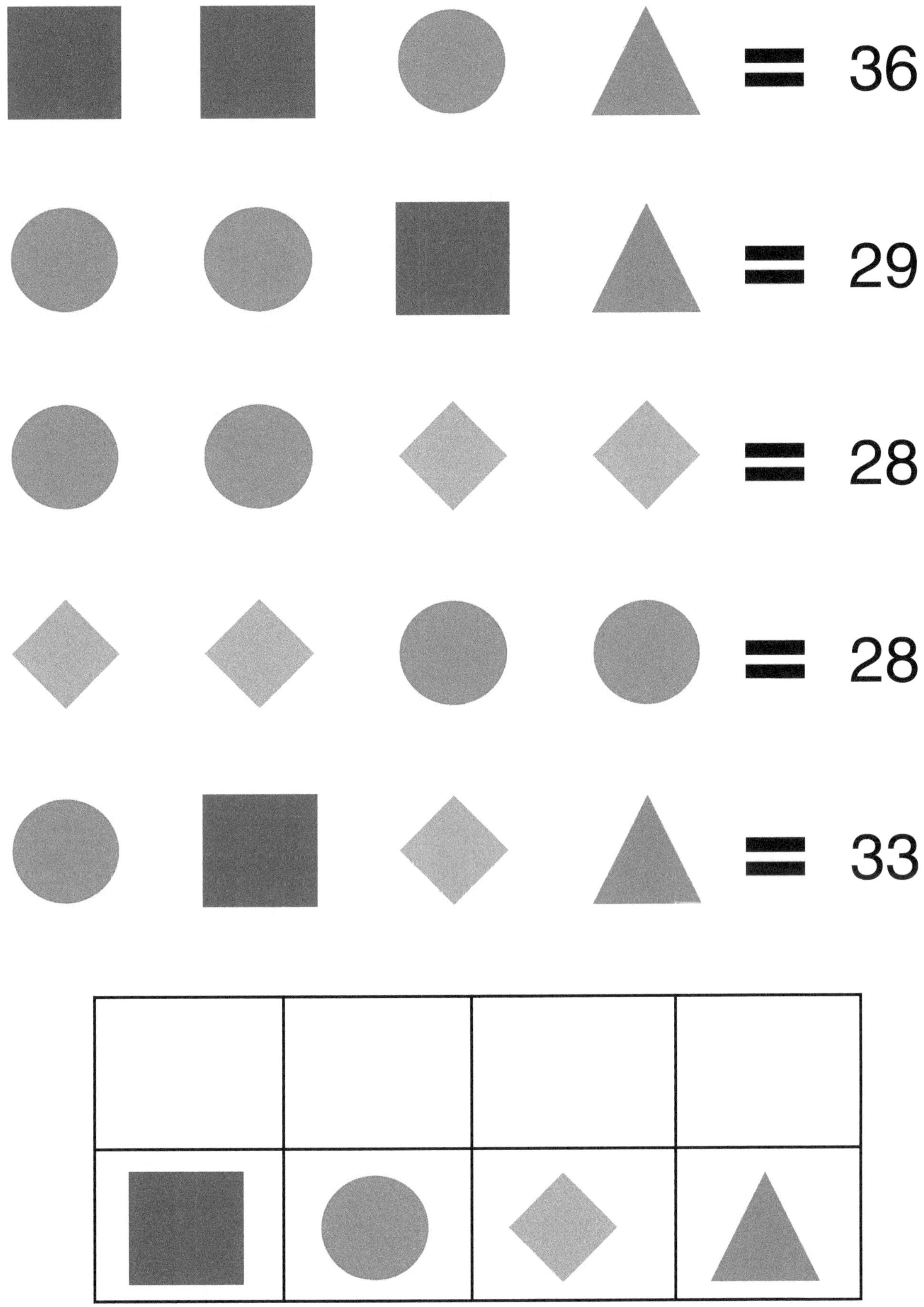

36

29

28

28

33

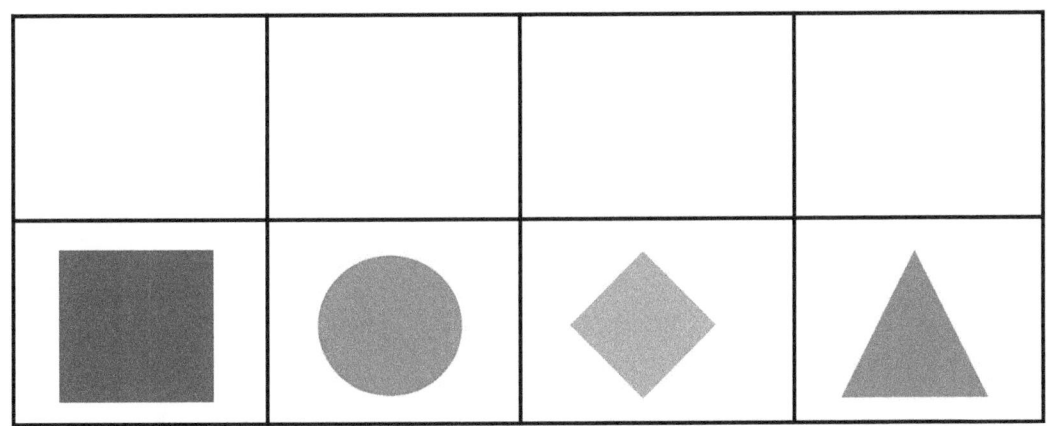

12	5	9	7
■	●	◆	▲

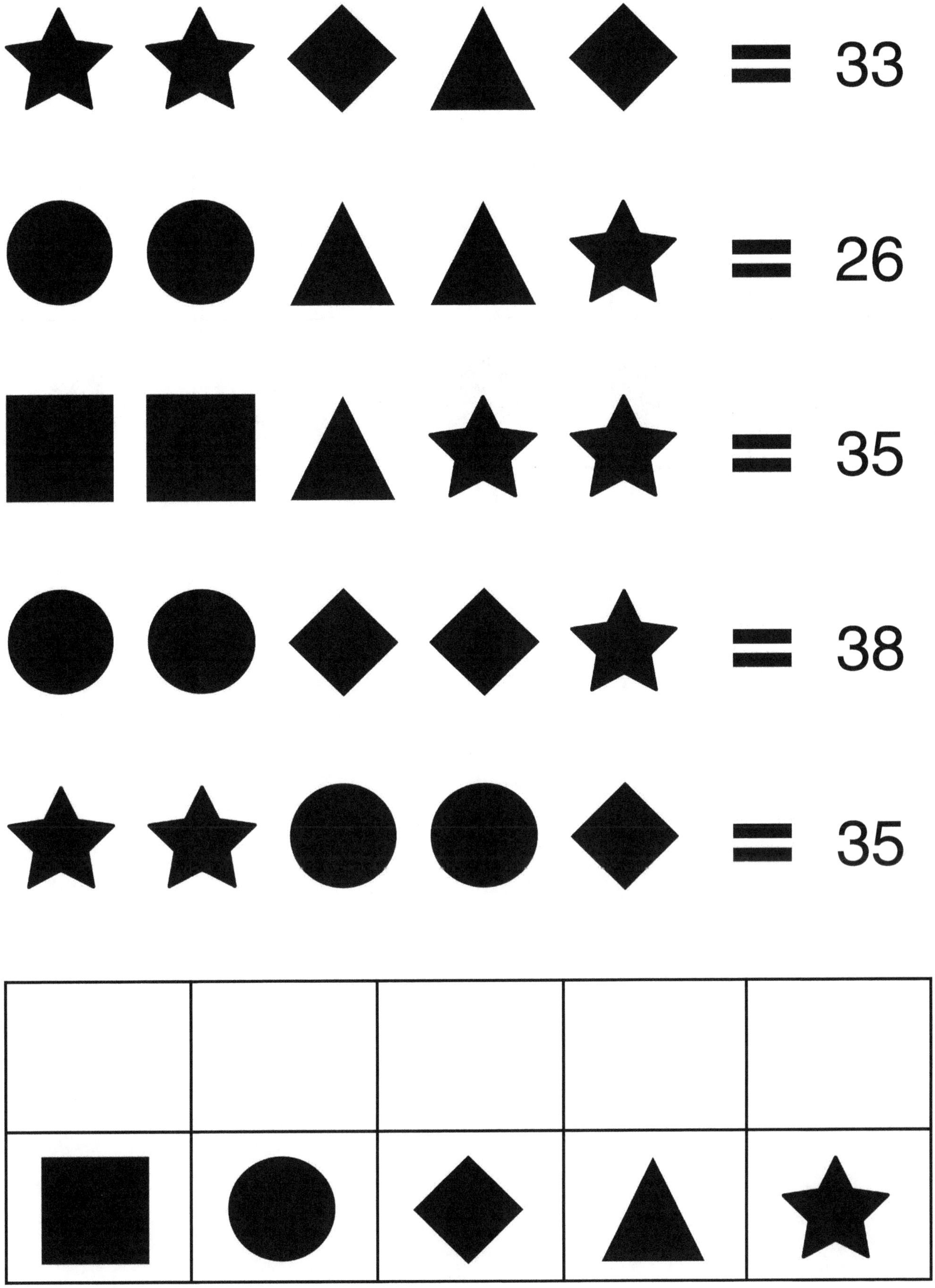

★ ★ ◆ ▲ ◆ = 33

● ● ▲ ▲ ★ = 26

■ ■ ▲ ★ ★ = 35

● ● ◆ ◆ ★ = 38

★ ★ ● ● ◆ = 35

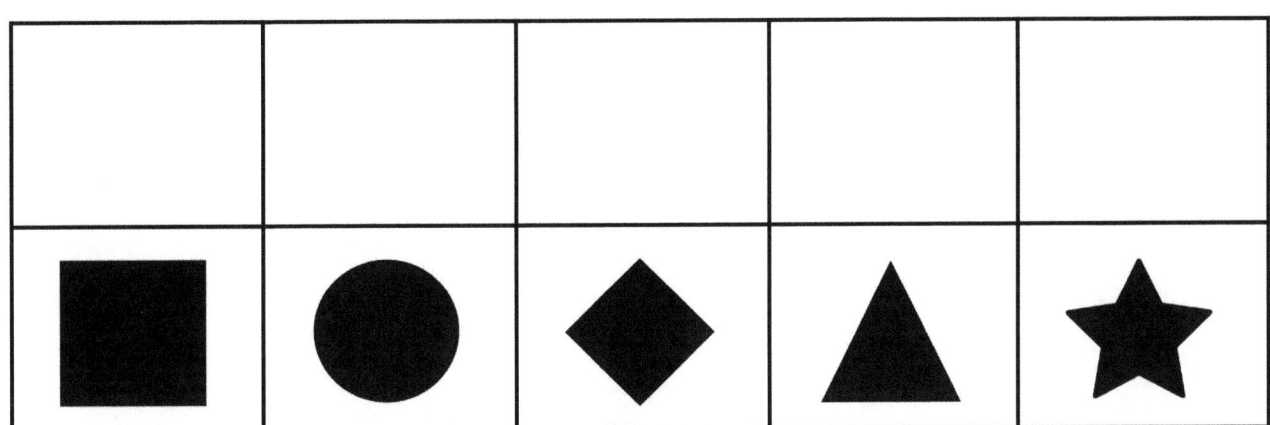

10	7	9	3	6
■	●	◆	▲	★

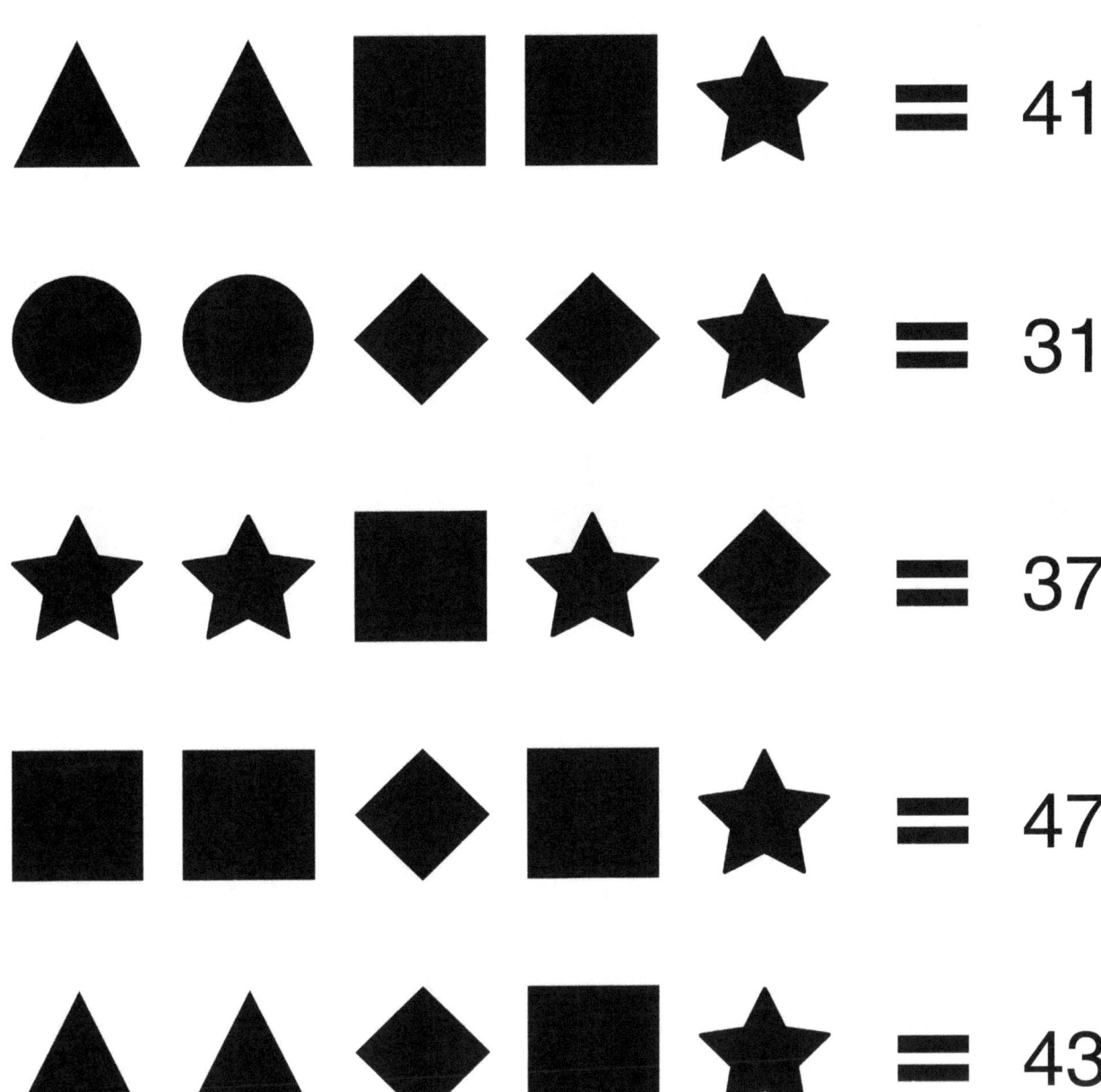

10	1	12	8	5
■	●	◆	▲	★

△ △ ■ ■ ★ = 19

△ △ ◆ ◆ ★ = 35

★ ★ ■ ■ ◆ = 20

■ ■ ◆ ◆ ★ = 27

● ● ◆ ■ ★ = 23

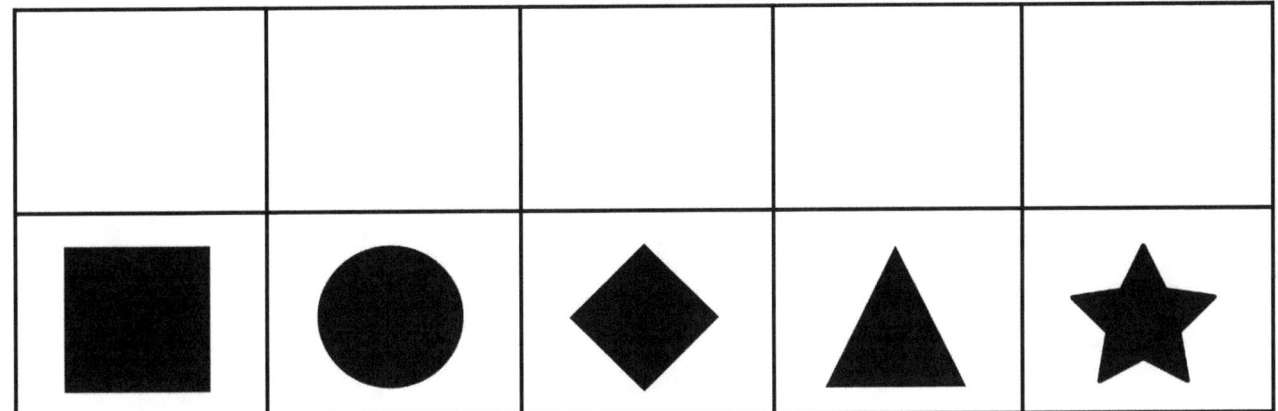

2	4	10	6	3
■	●	◆	▲	★

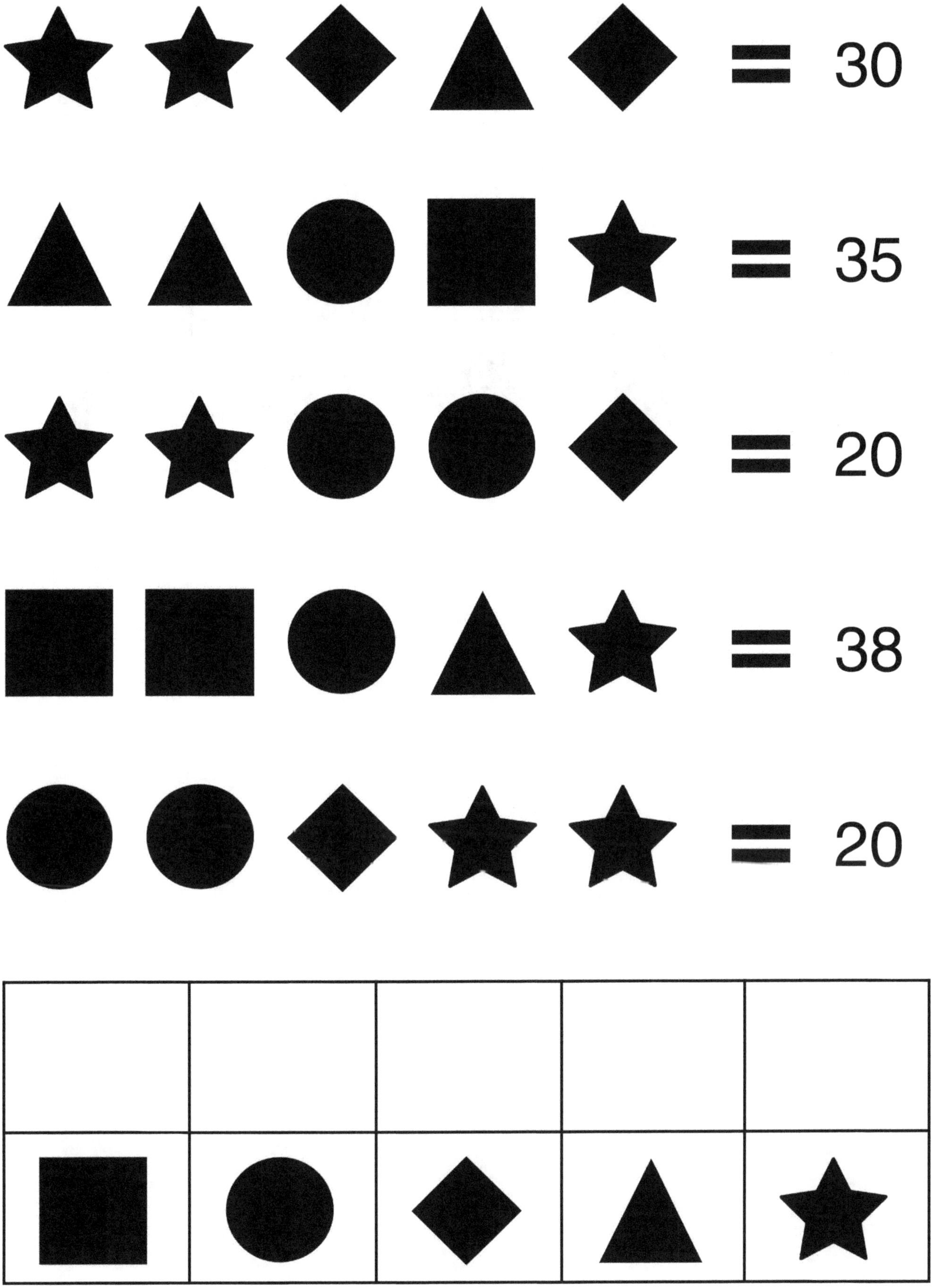

★ ★ ◆ ▲ ◆ = 30

▲ ▲ ● ■ ★ = 35

★ ★ ● ● ◆ = 20

■ ■ ● ▲ ★ = 38

● ● ◆ ★ ★ = 20

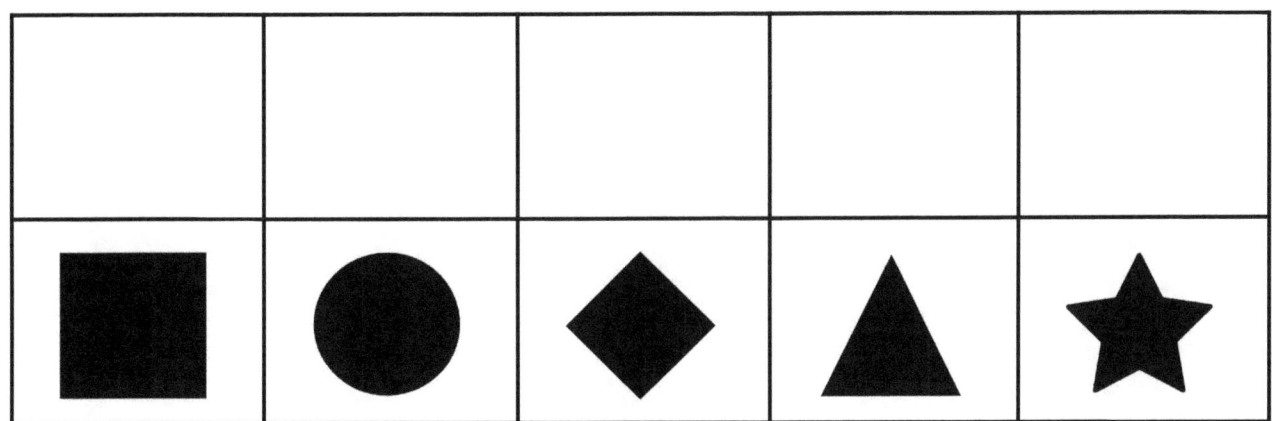

11	1	4	8	7
■	●	◆	▲	★

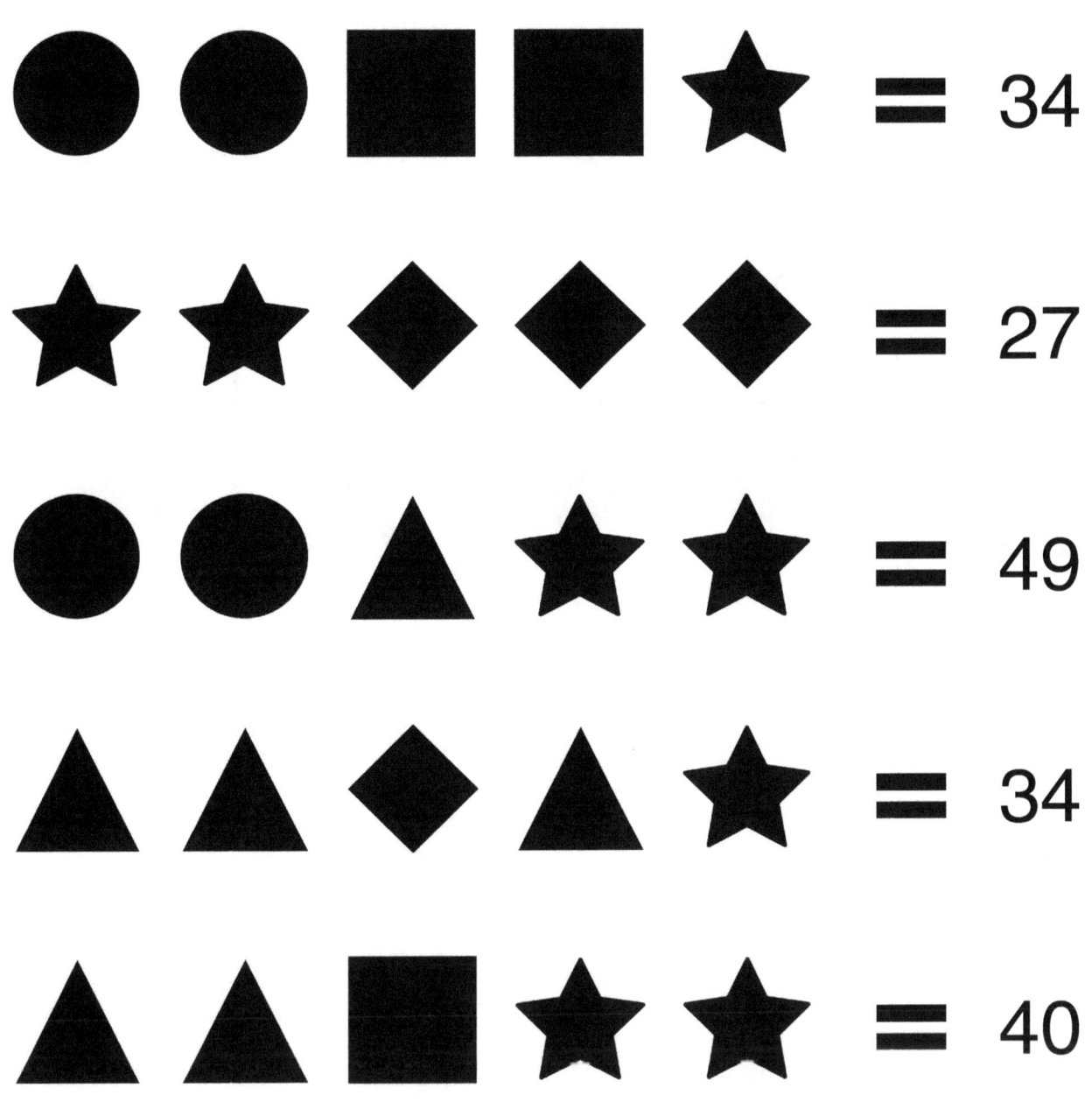

2	9	1	7	12
■	●	◆	▲	★

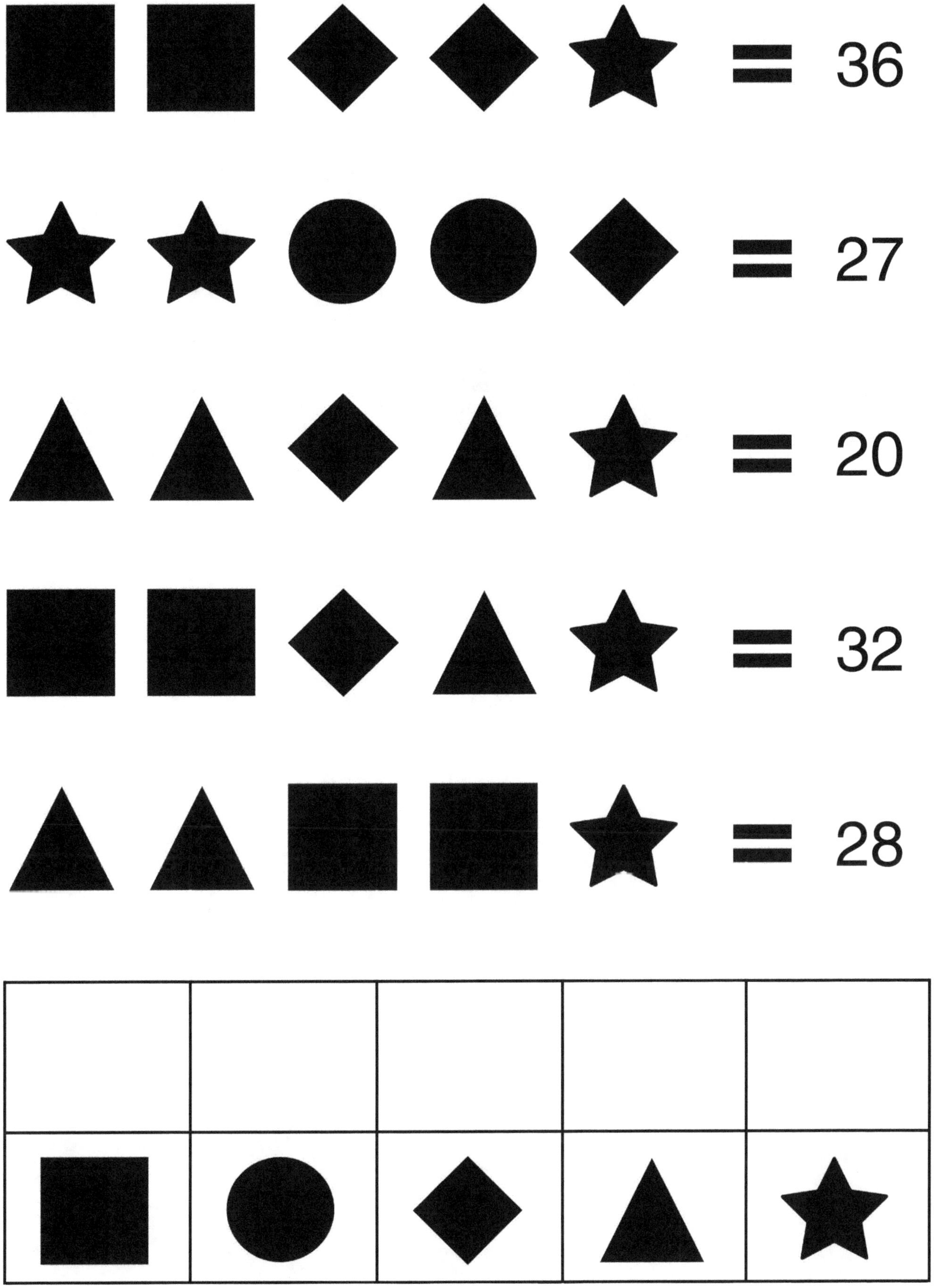

■ ■ ◆ ◆ ★ = 36

★ ★ ● ● ◆ = 27

▲ ▲ ◆ ▲ ★ = 20

■ ■ ◆ ▲ ★ = 32

▲ ▲ ■ ■ ★ = 28

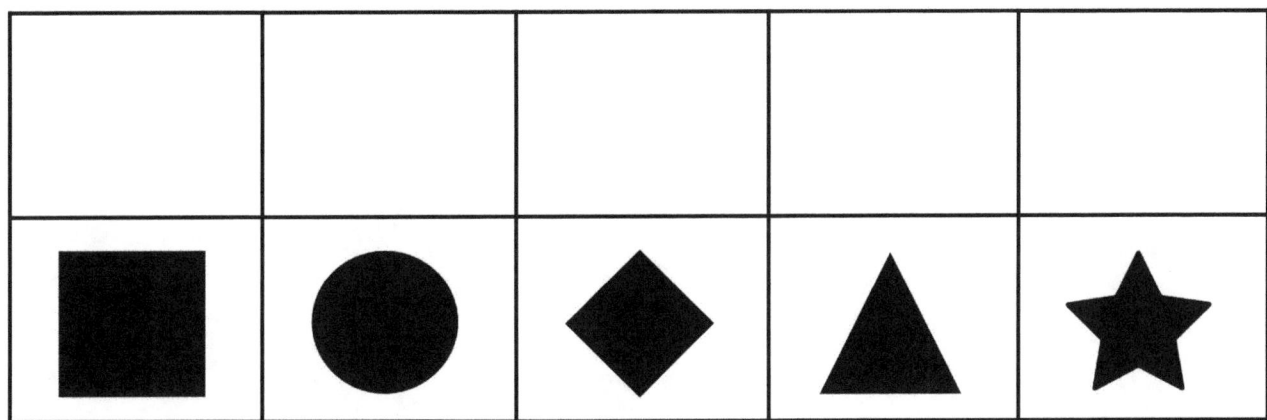

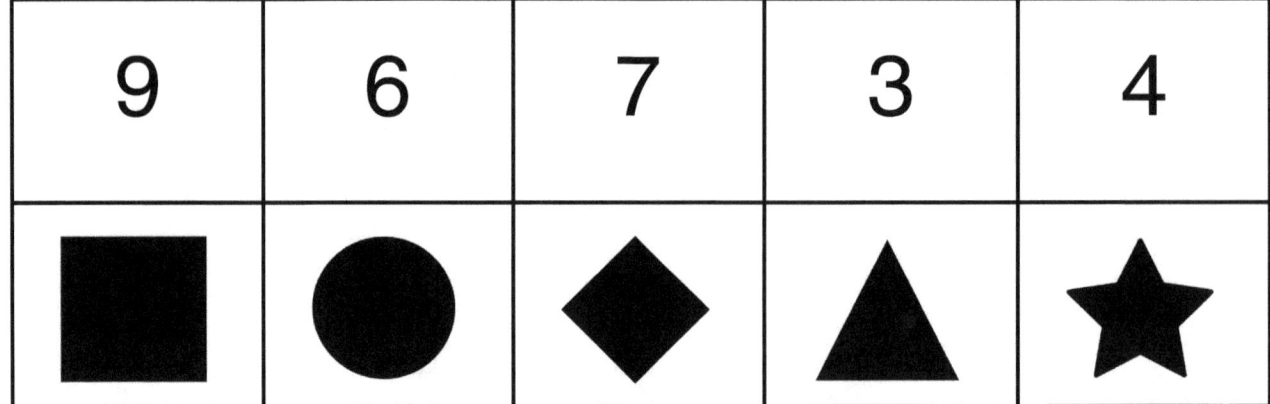

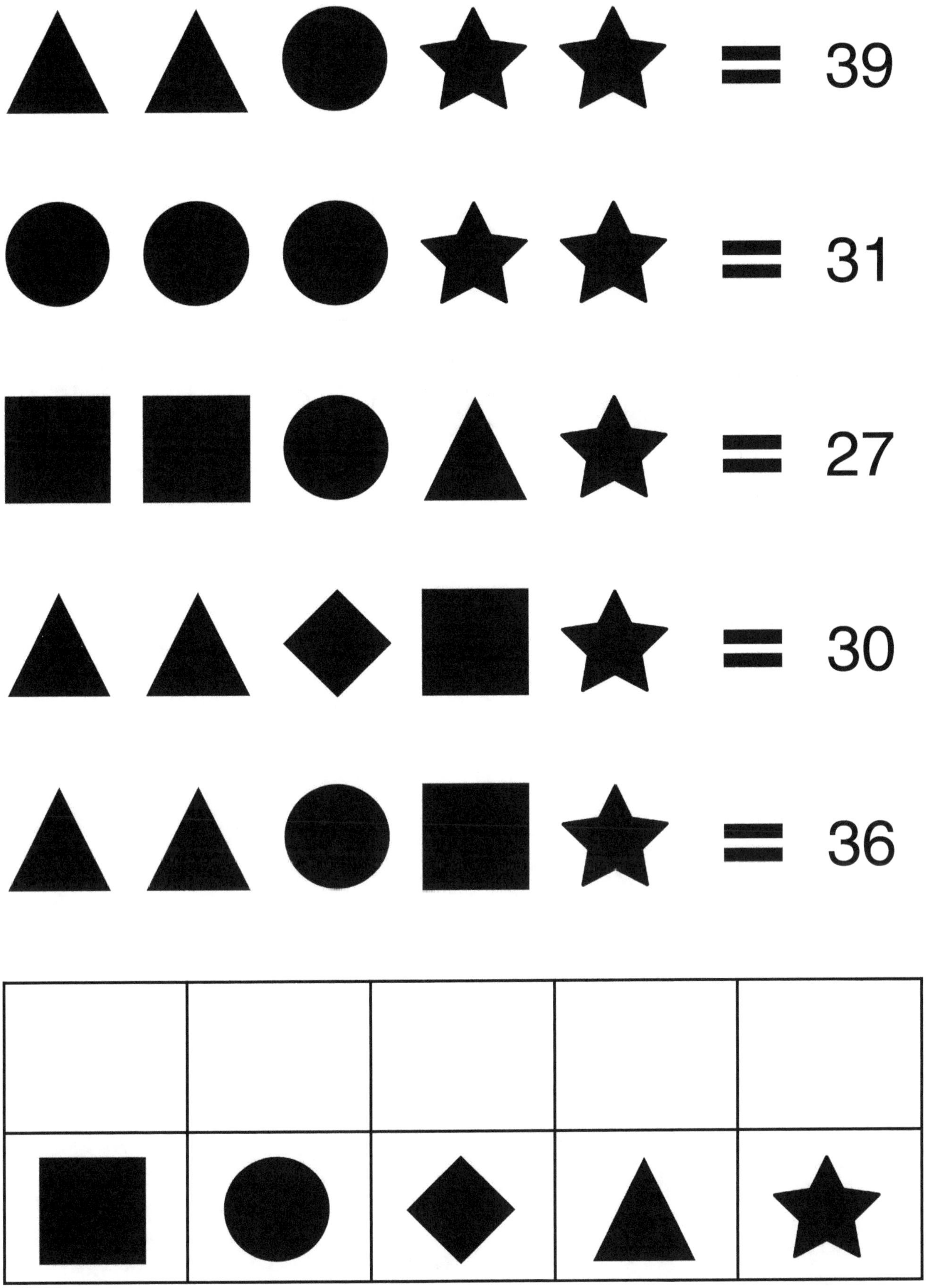

▲ ▲ ● ★ ★ = 39

● ● ● ★ ★ = 31

■ ■ ● ▲ ★ = 27

▲ ▲ ◆ ■ ★ = 30

▲ ▲ ● ■ ★ = 36

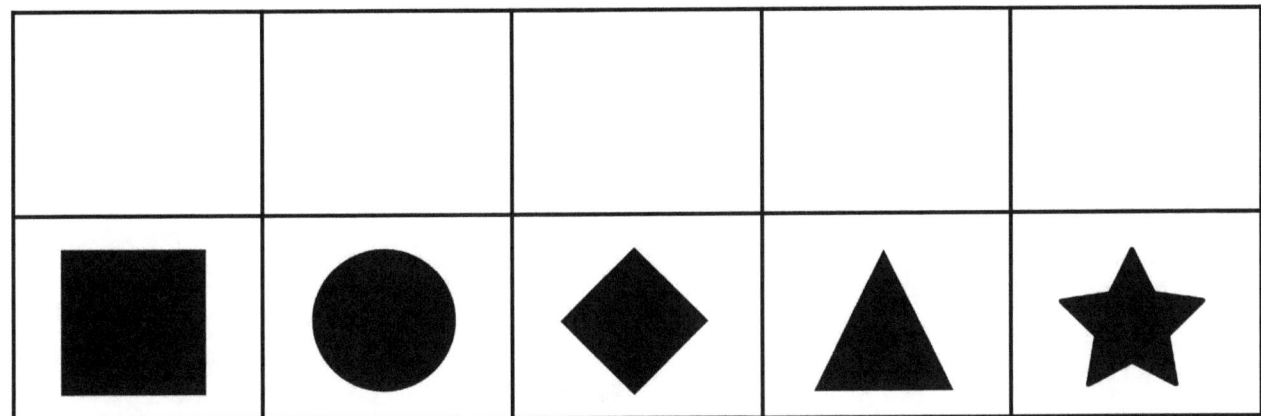

2	7	1	11	5
■	●	◆	▲	★

▲ ▲ ■ ■ ★ = 26

★ ★ ◆ ◆ ◆ = 51

● ● ◆ ★ ★ = 47

★ ★ ● ★ ◆ = 52

★ ★ ▲ ▲ ◆ = 43

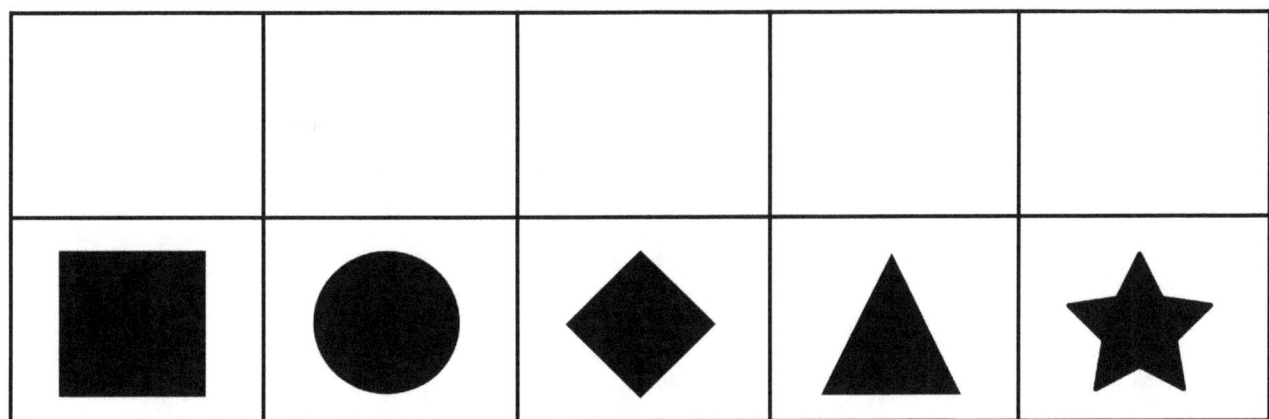

2	7	9	5	12
■	●	◆	▲	★

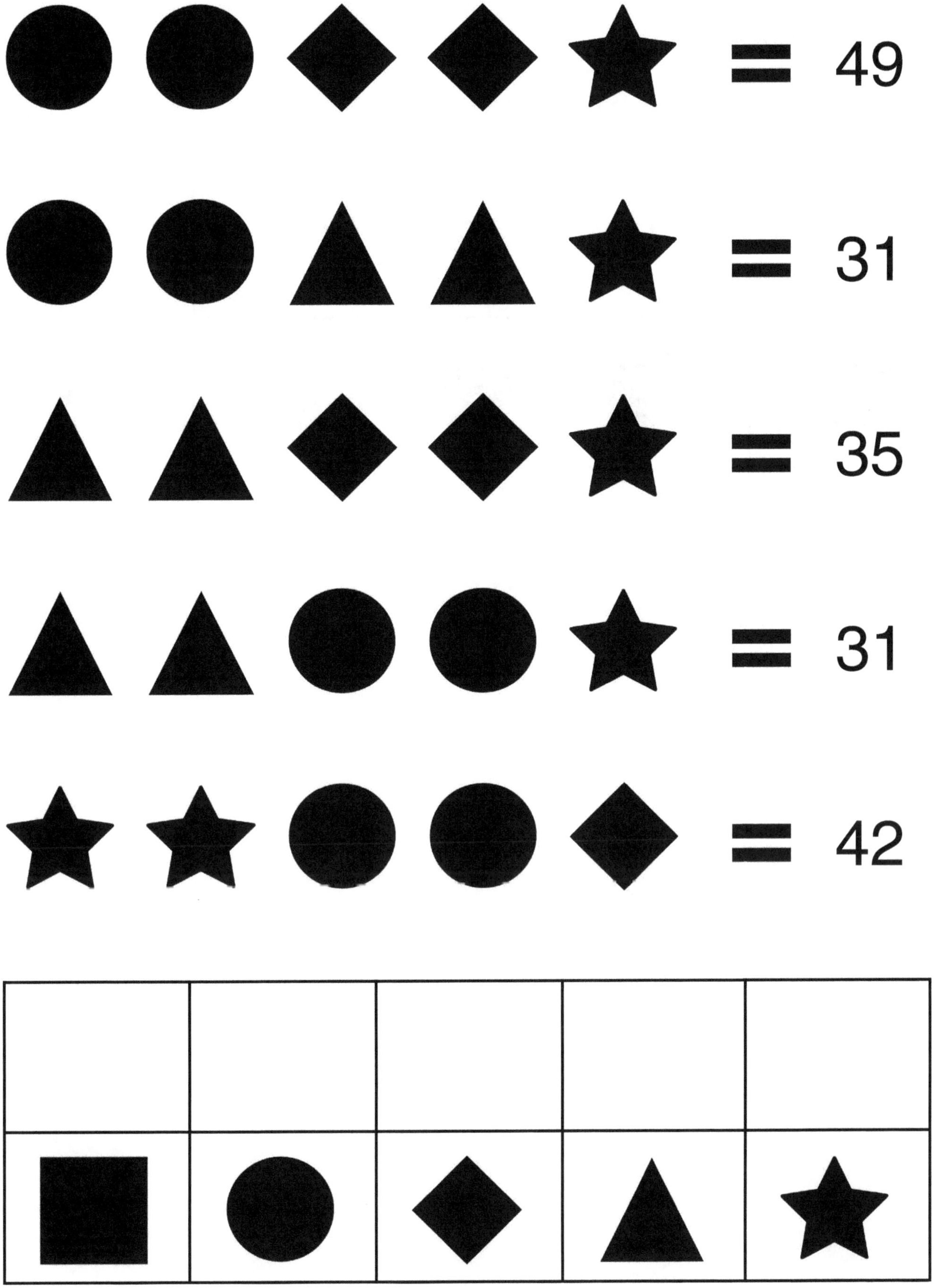

● ● ◆ ◆ ★ = 49

● ● ▲ ▲ ★ = 31

▲ ▲ ◆ ◆ ★ = 35

▲ ▲ ● ● ★ = 31

★ ★ ● ● ◆ = 42

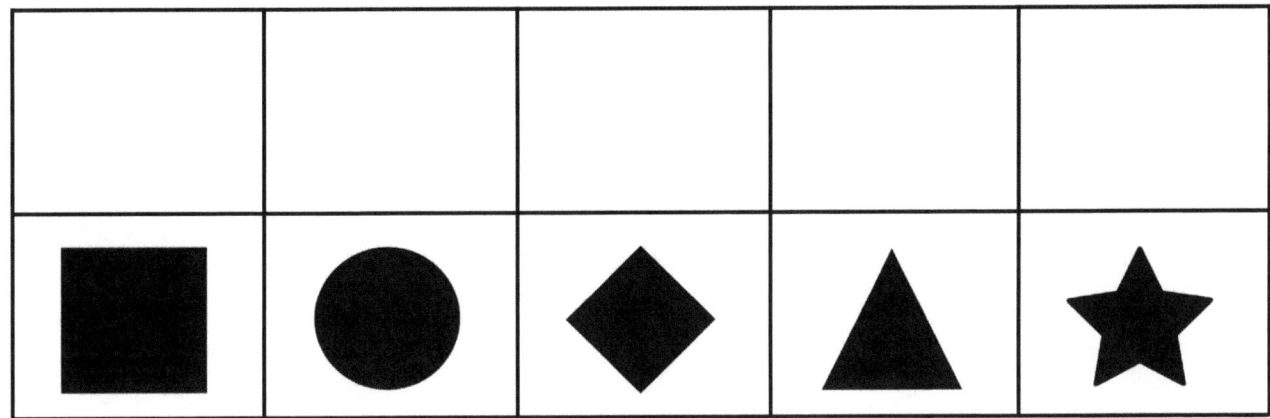

8	10	12	3	5
■	●	◆	▲	★

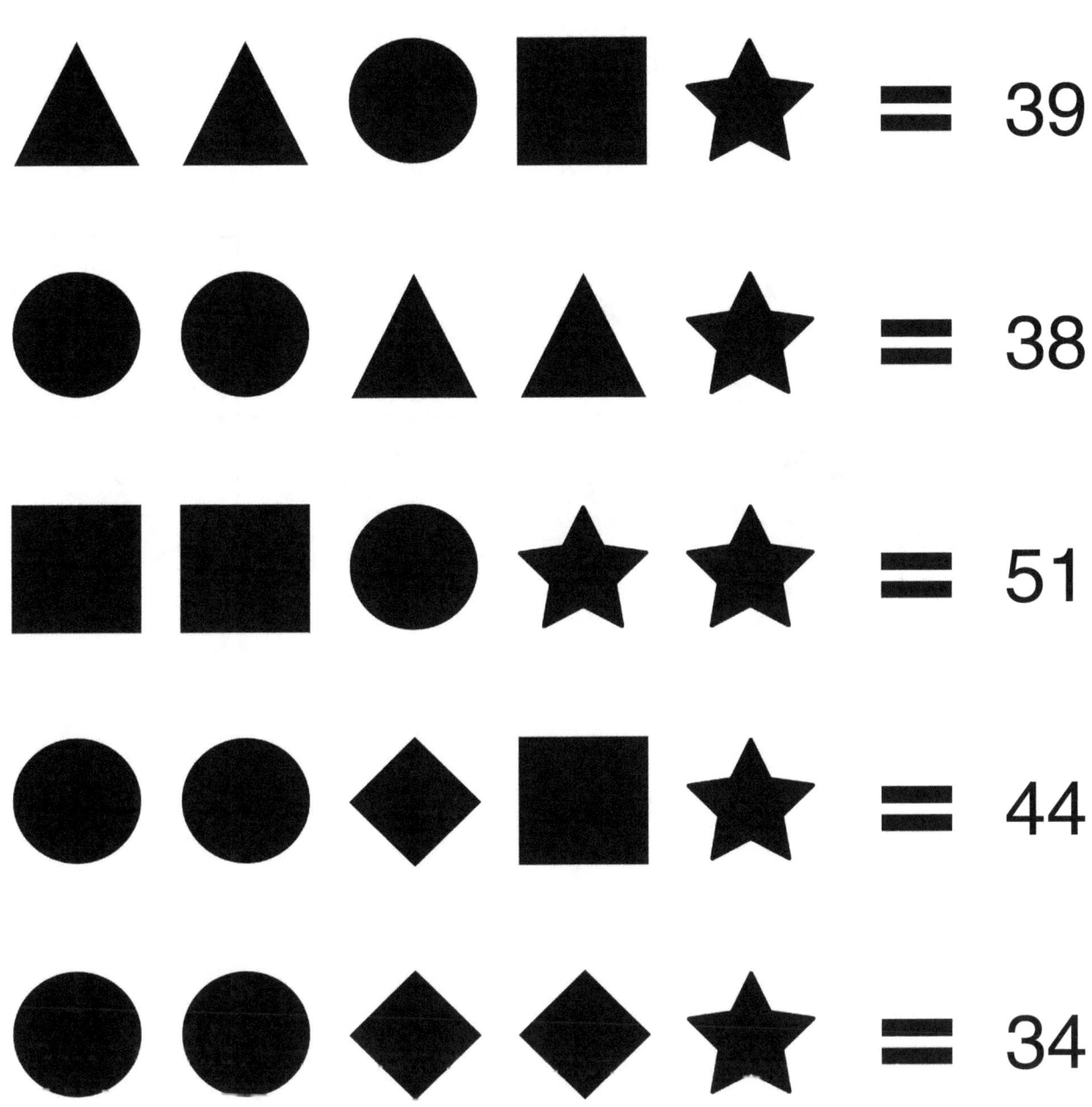

12	11	2	4	8
■	●	◆	▲	★

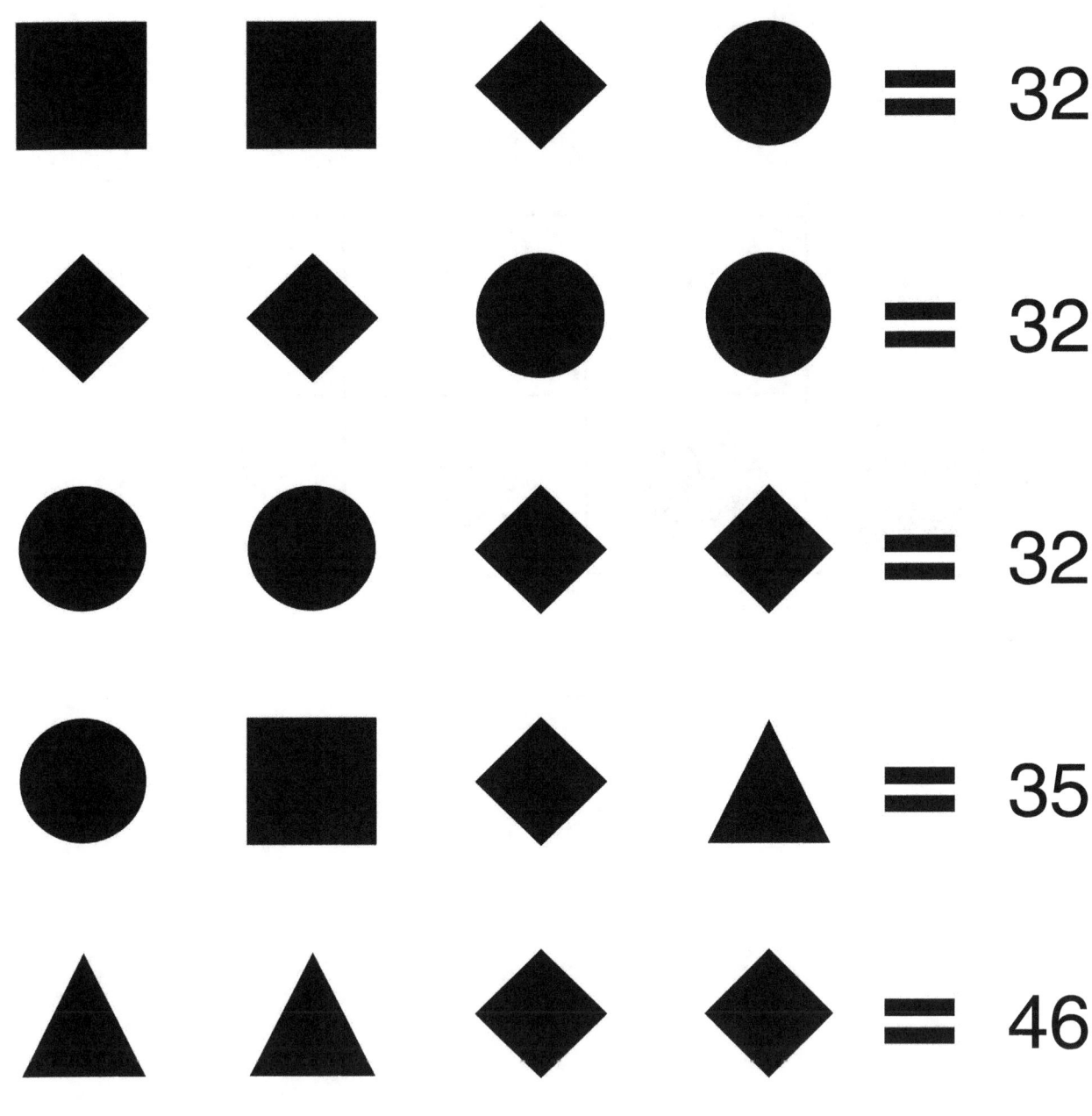

8	4	12	11
■	●	◆	▲

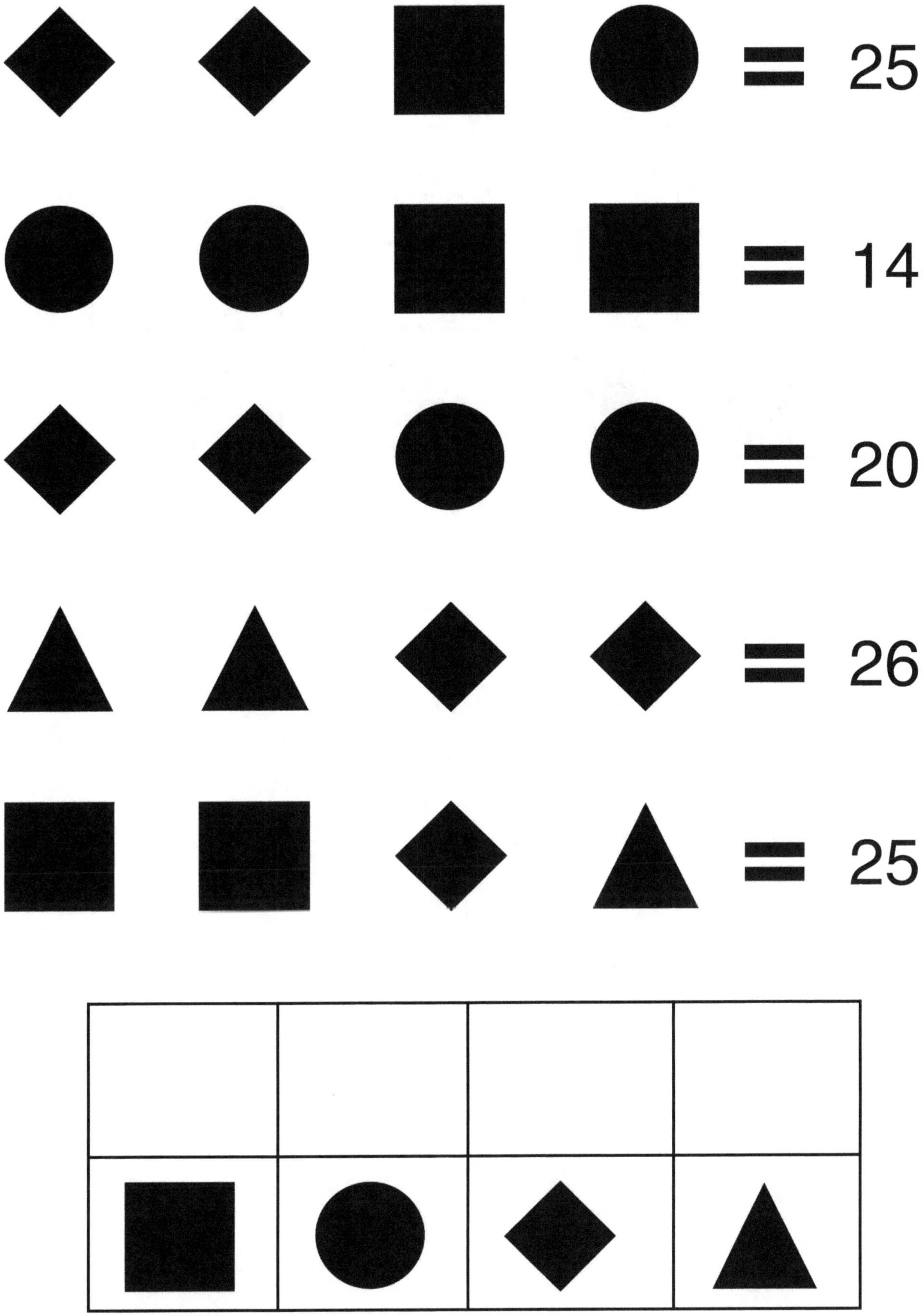

$$\blacklozenge + \blacklozenge + \blacksquare + \bullet = 25$$

$$\bullet + \bullet + \blacksquare + \blacksquare = 14$$

$$\blacklozenge + \blacklozenge + \bullet + \bullet = 20$$

$$\blacktriangle + \blacktriangle + \blacklozenge + \blacklozenge = 26$$

$$\blacksquare + \blacksquare + \blacklozenge + \blacktriangle = 25$$

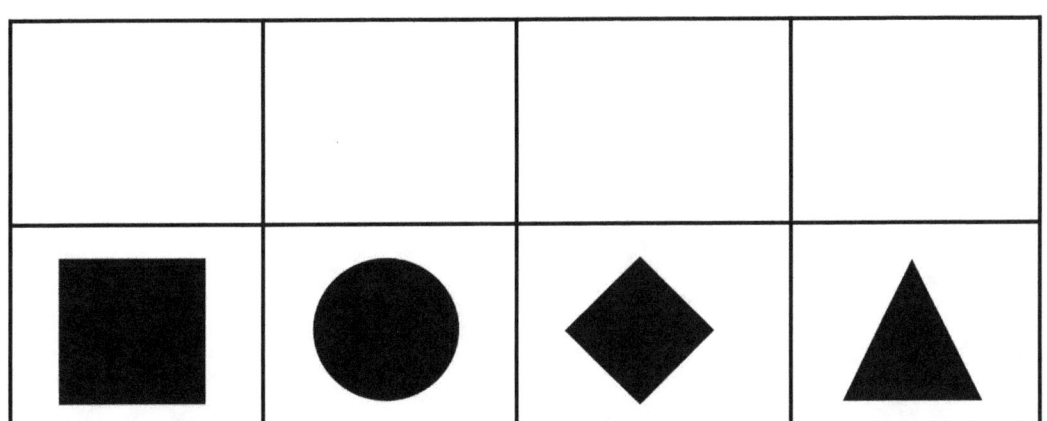

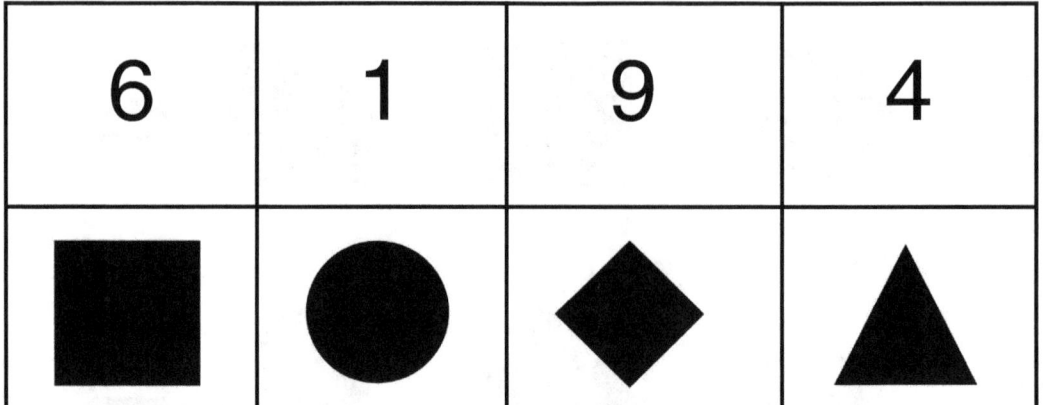

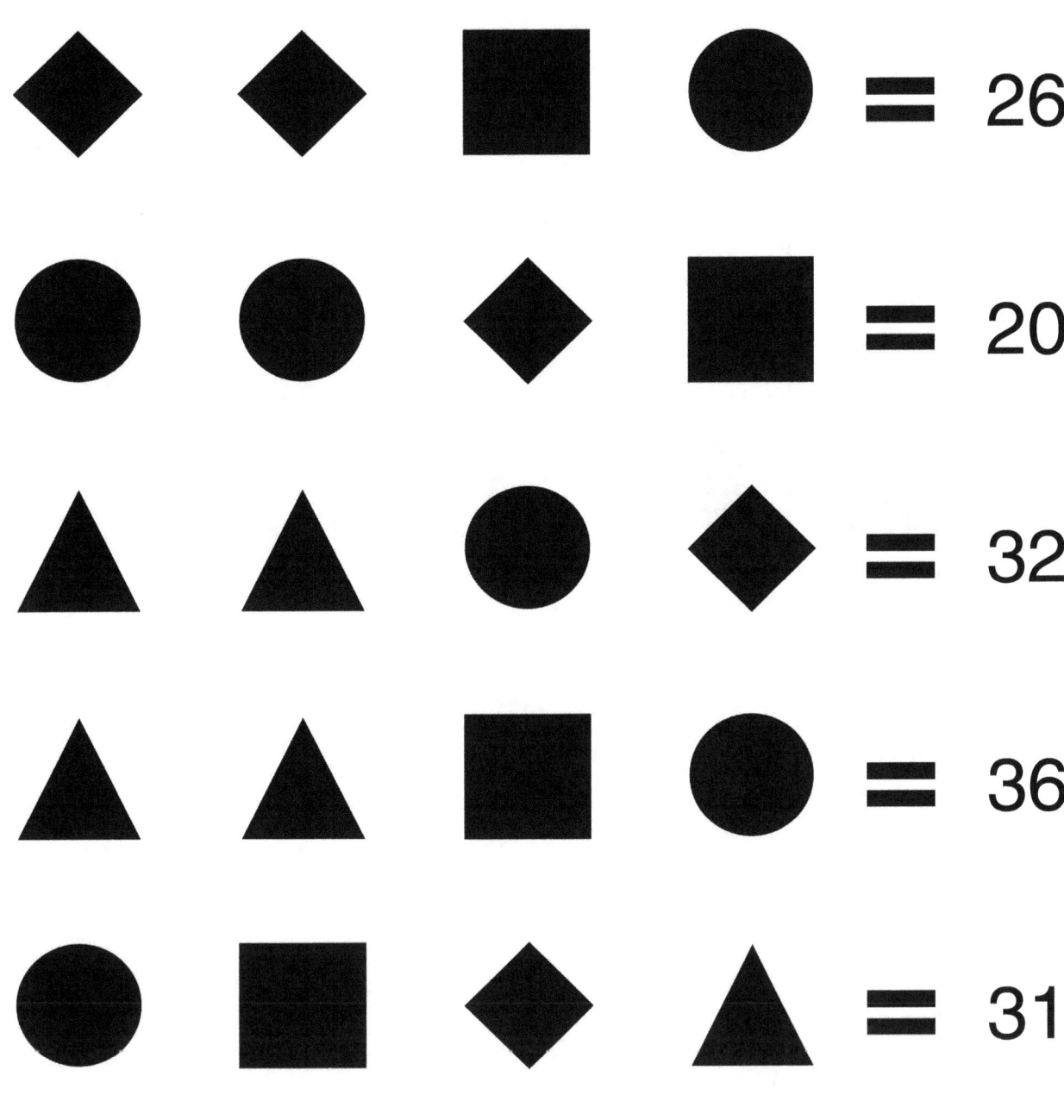

11	1	7	12
■	●	◆	▲

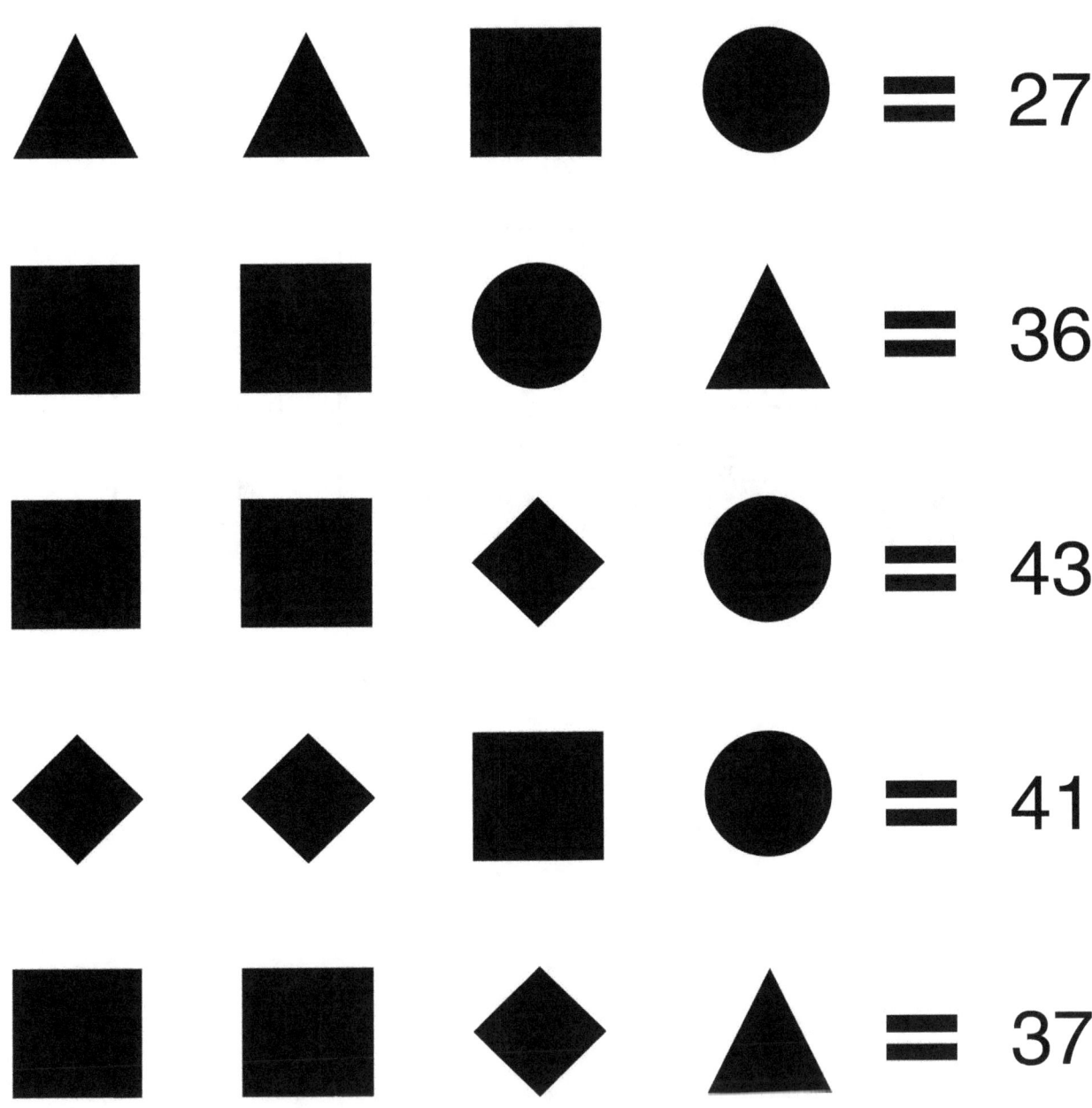

12	9	10	3
■	●	◆	▲

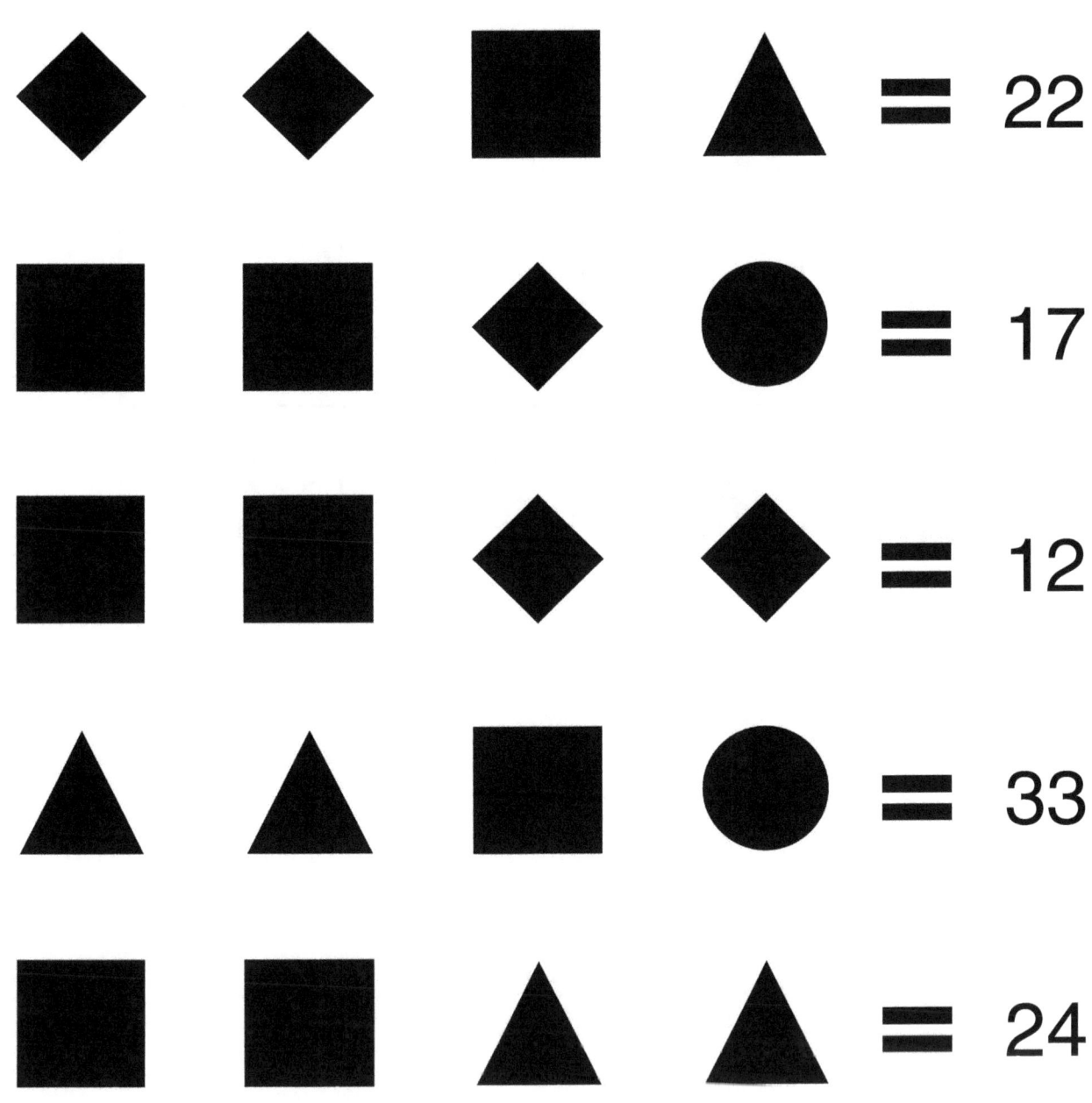

1	10	5	11
■	●	◆	▲

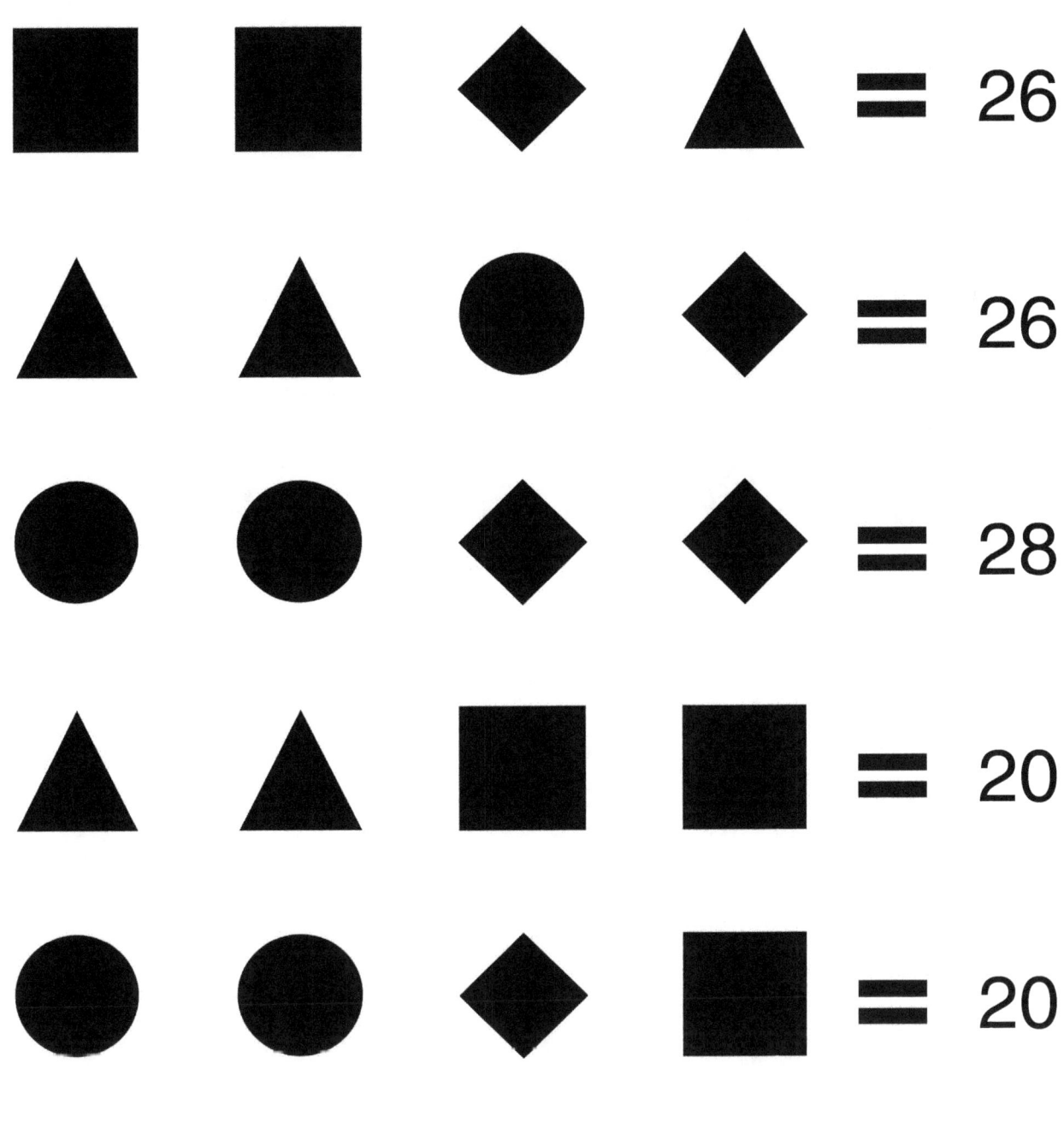

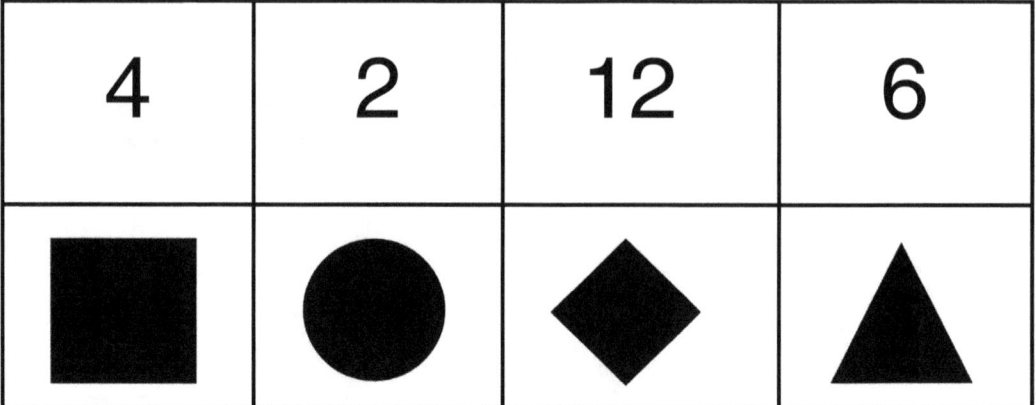

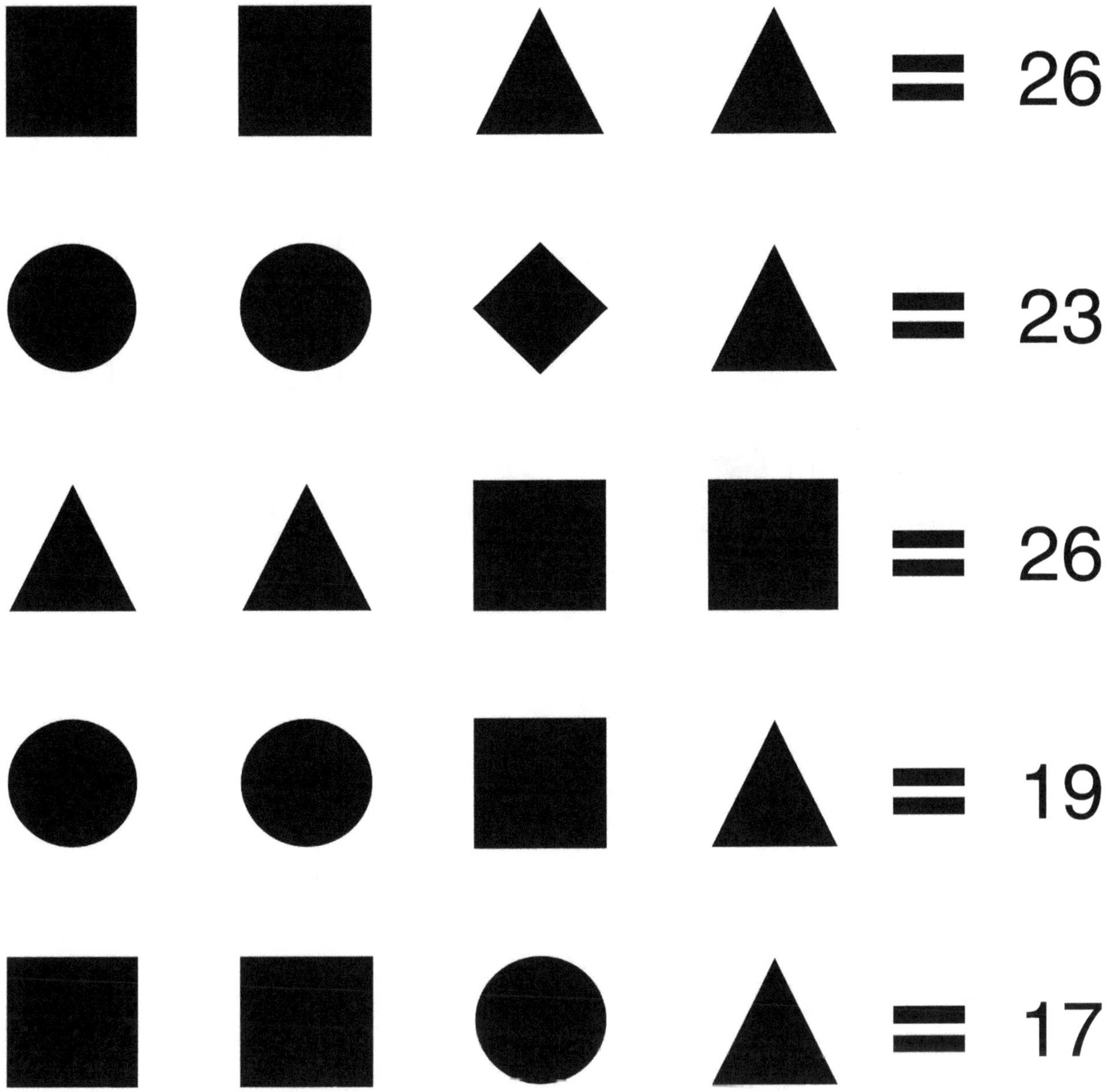

■ ■ ▲ ▲ = 26

● ● ◆ ▲ = 23

▲ ▲ ■ ■ = 26

● ● ■ ▲ = 19

■ ■ ● ▲ = 17

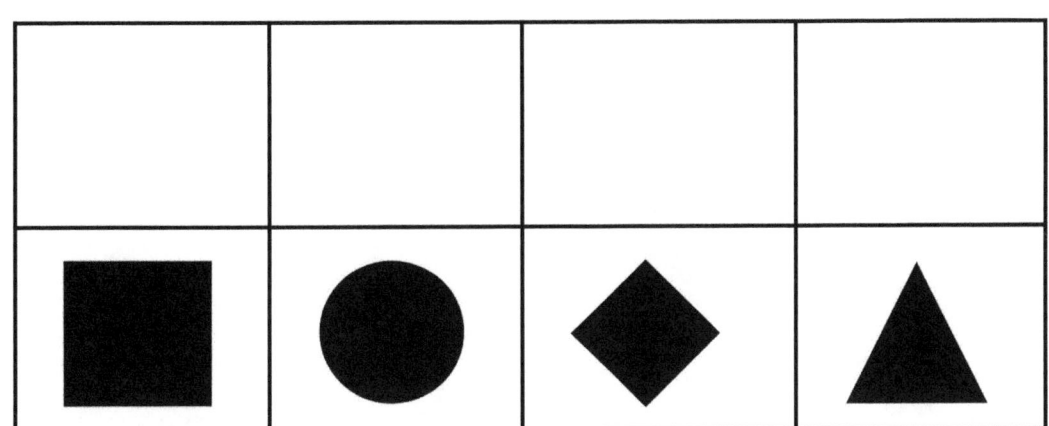

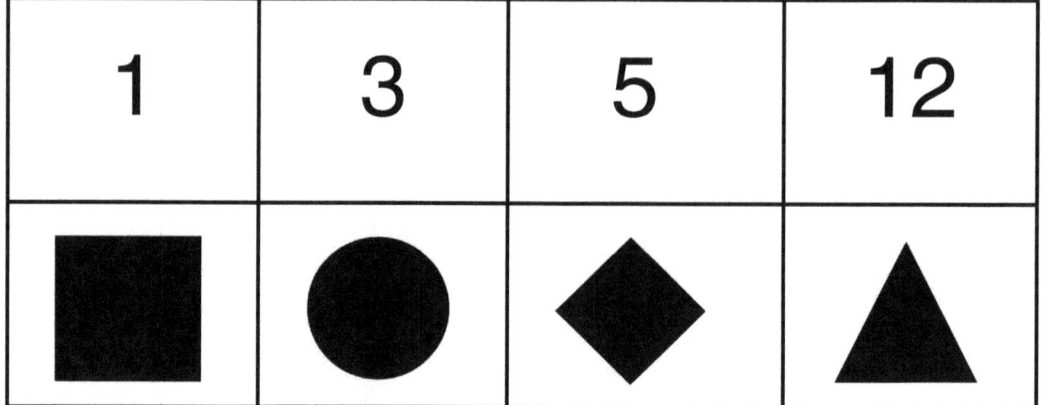

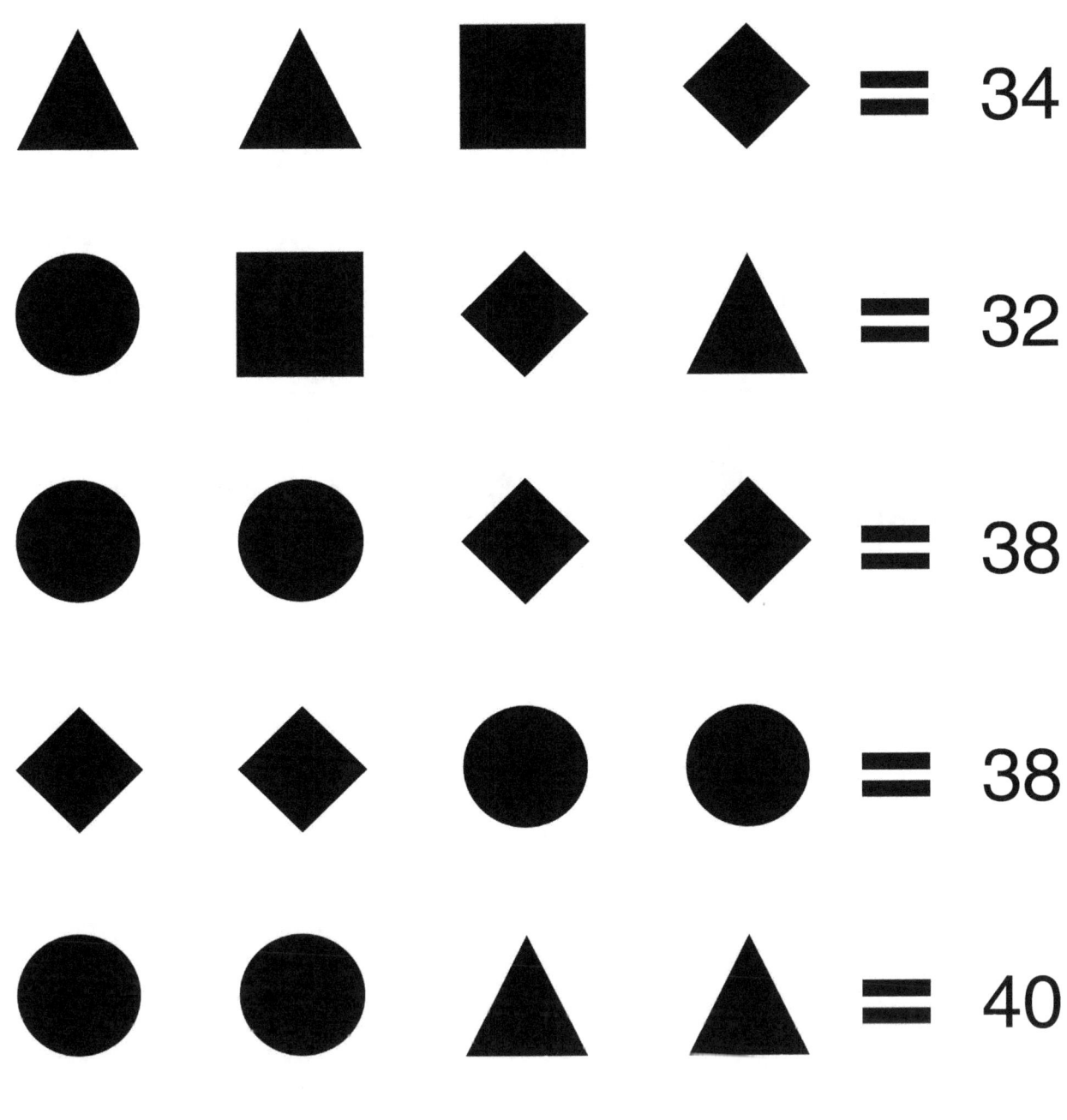

2	9	10	11
■	●	◆	▲

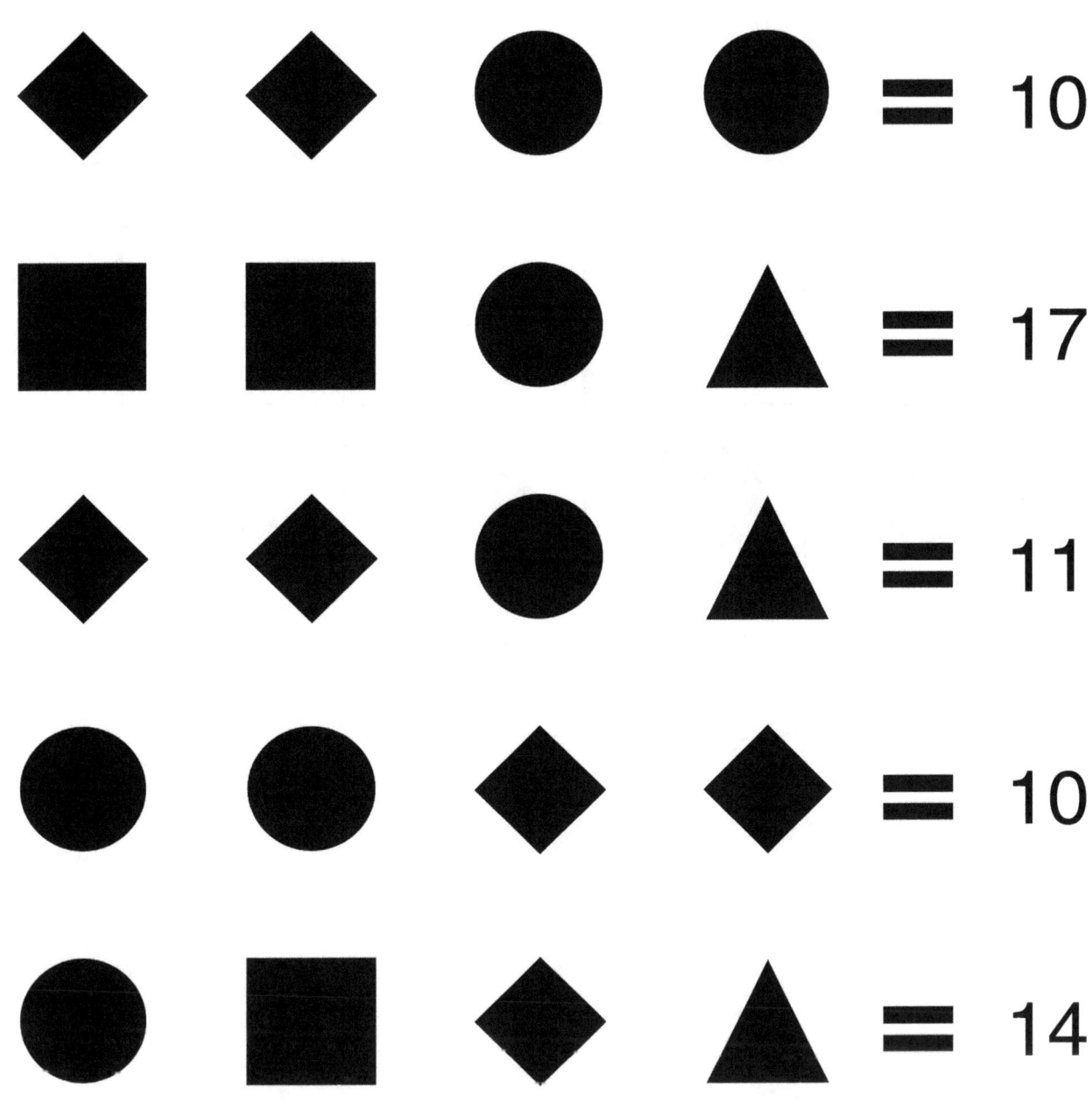

5	3	2	4
■	●	◆	▲

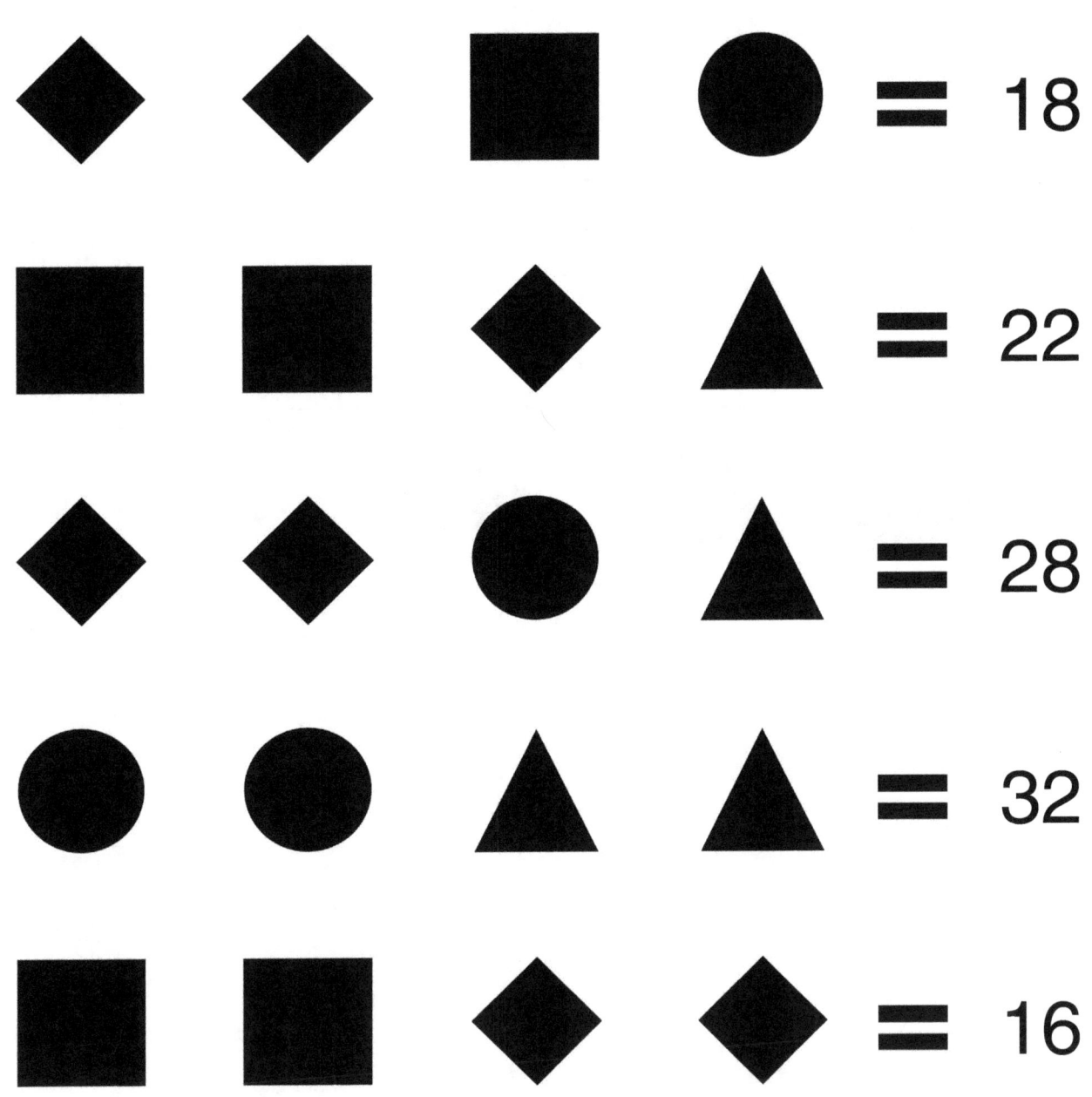

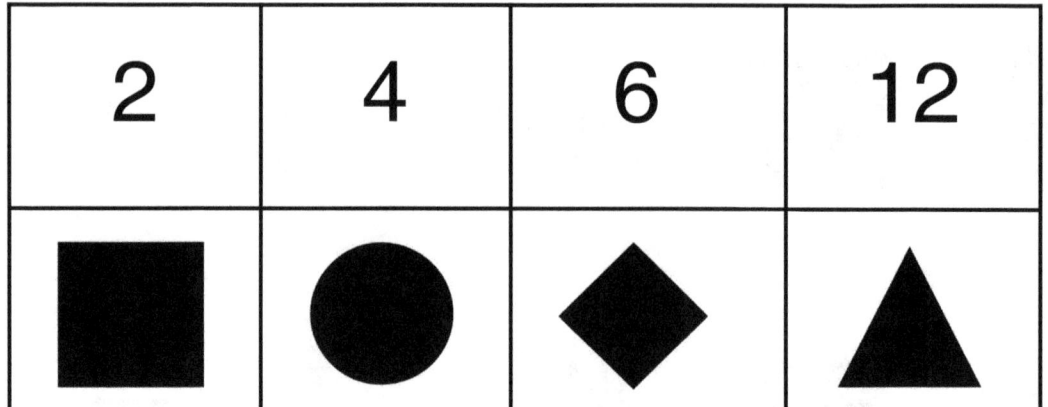

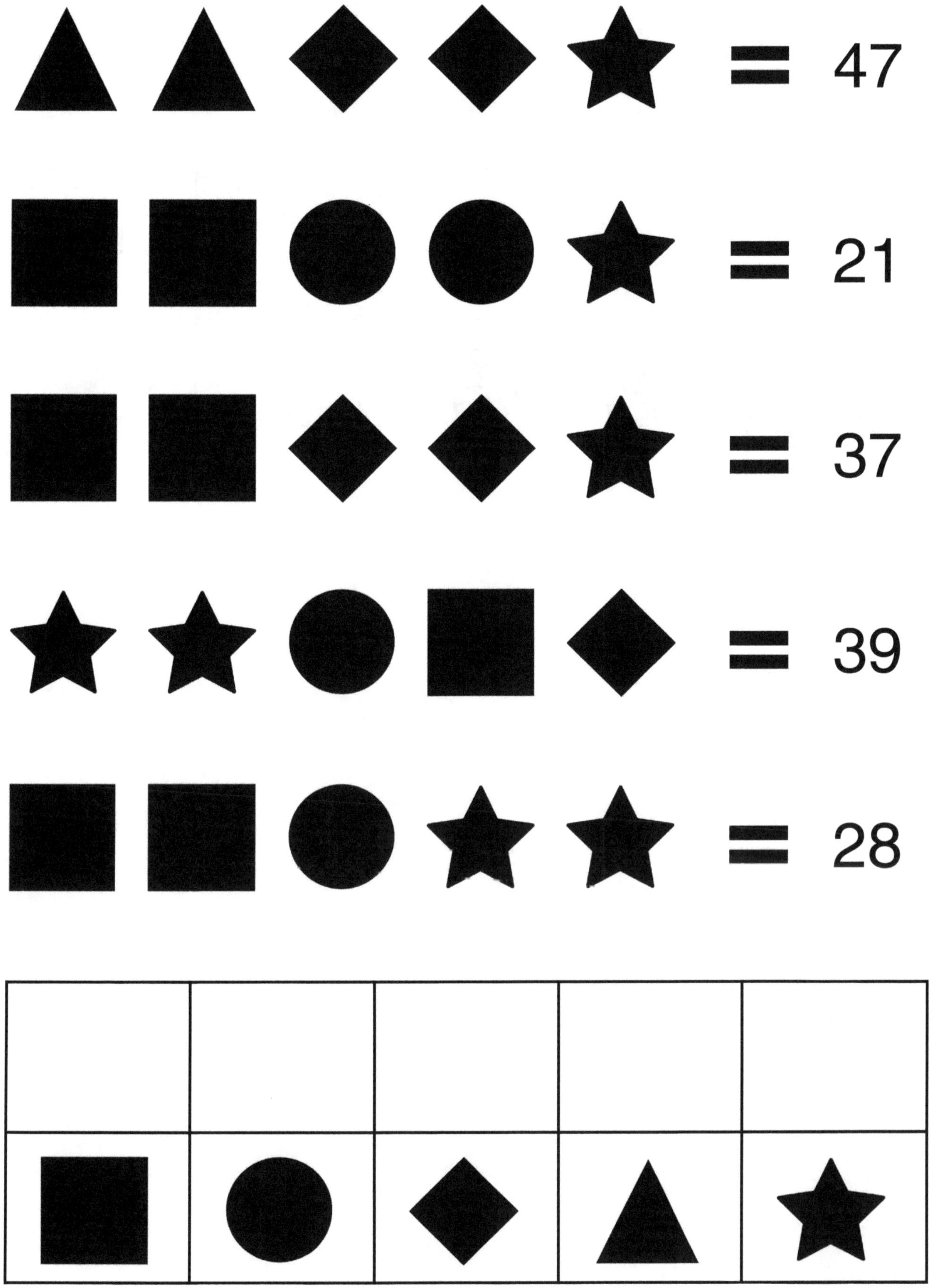

▲ ▲ ◆ ◆ ★ = 47

■ ■ ● ● ★ = 21

■ ■ ◆ ◆ ★ = 37

★ ★ ● ■ ◆ = 39

■ ■ ● ★ ★ = 28

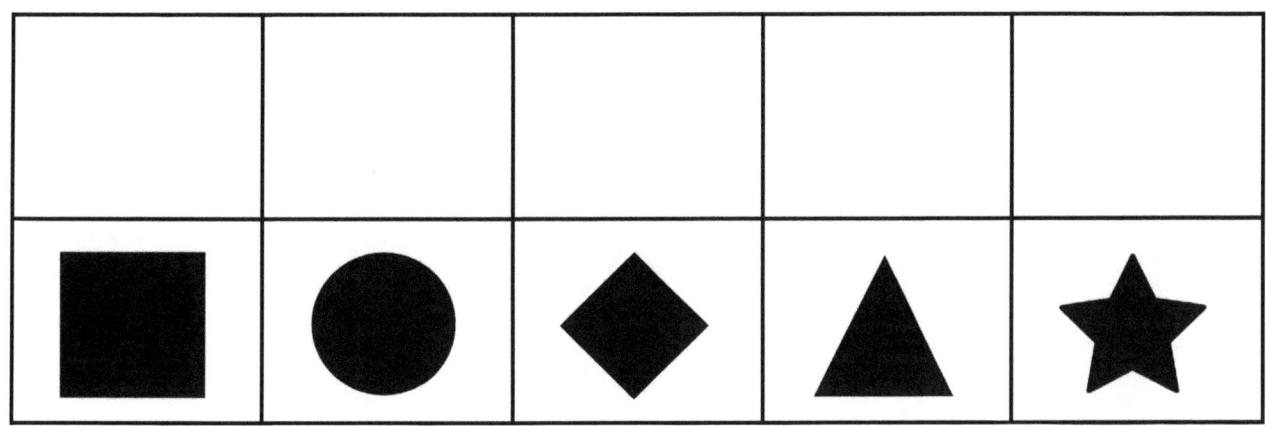

1	4	12	6	11
■	●	◆	▲	★

 = 55

 = 29

 = 43

 = 48

■ ★ ★ ◆ ★ ◆ = 47

■	●	◆	▲	★

12	9	7	2	11
■	●	◆	▲	★

■ ■ ● ★ ★ = 28

▲ ▲ ● ● ★ = 25

★ ★ ◆ ■ ◆ = 34

★ ★ ● ● ◆ = 37

★ ★ ◆ ★ ◆ = 31

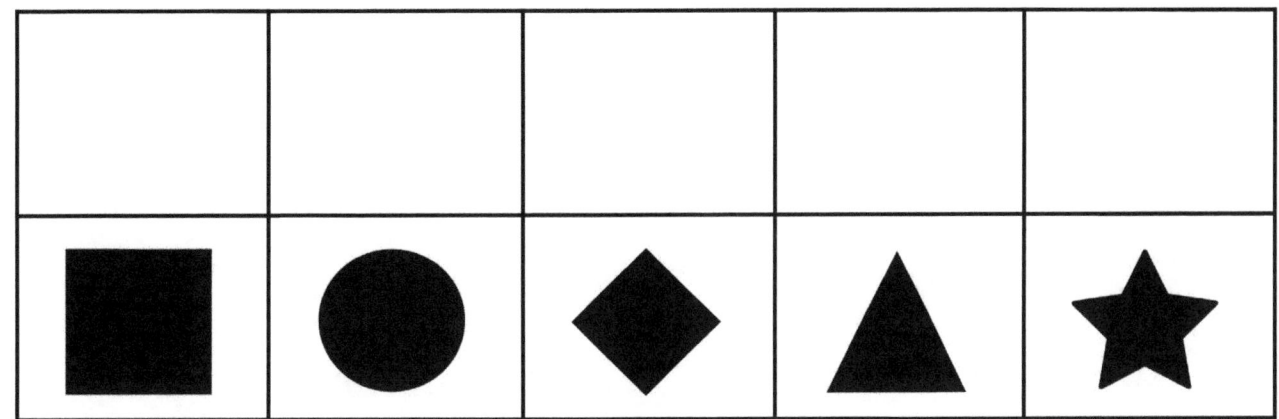

6	10	11	1	3
■	●	◆	▲	★

● ● ◆ ◆ ★ = 35

● ● ▲ ▲ ★ = 27

★ ★ ■ ■ ◆ = 44

● ● ■ ■ ★ = 25

● ● ◆ ▲ ★ = 31

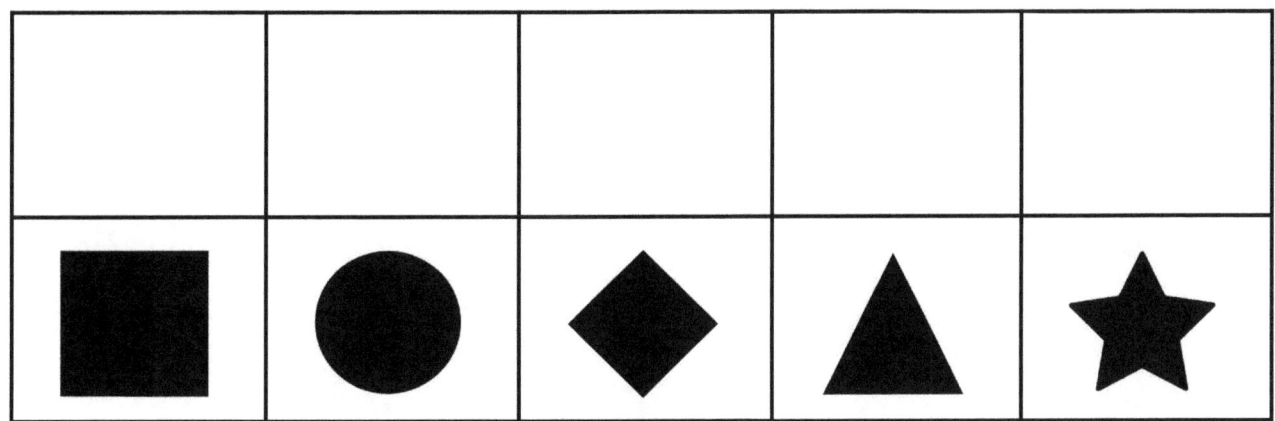

7	1	12	8	9
■	●	◆	▲	★

○ ○ ○ ★ ★ = 19

★ ★ ◆ ▲ ◆ = 32

★ ★ ● ● ◆ = 23

● ● ◆ ▲ ★ = 26

★ ★ ● ● ◆ = 23

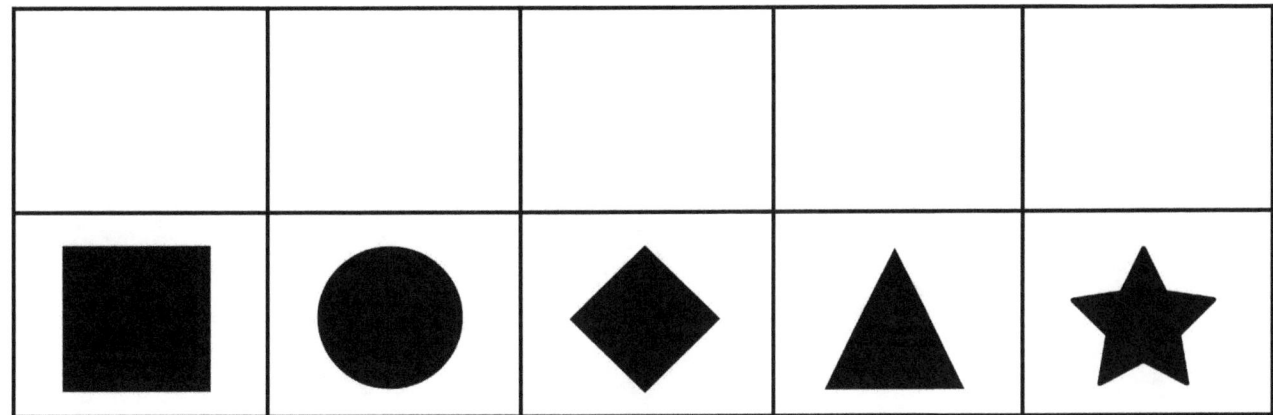

6	3	7	8	5
■	●	◆	▲	★

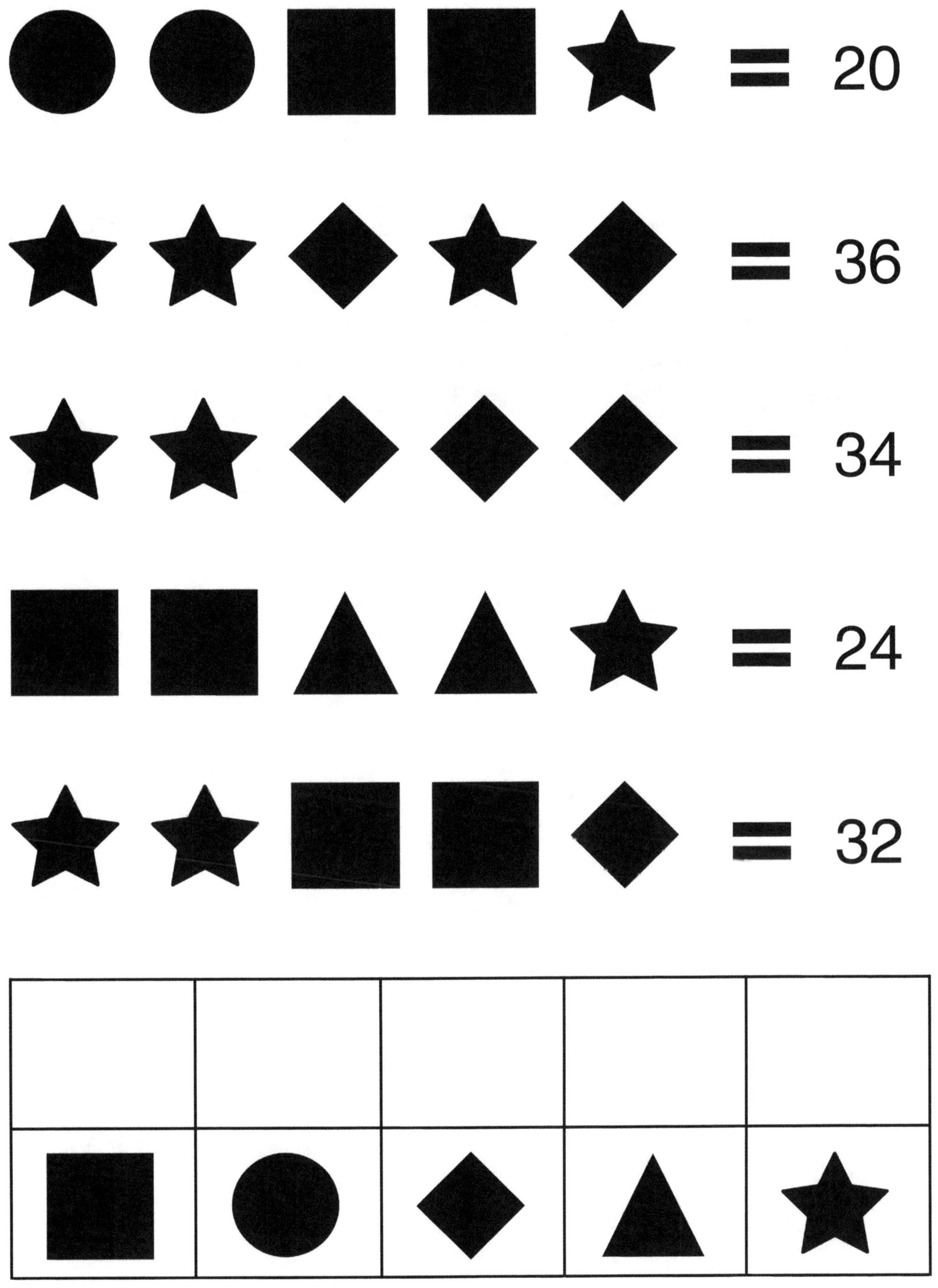

● ● ■ ■ ★ = 20

★ ★ ◆ ★ ◆ = 36

★ ★ ◆ ◆ ◆ = 34

■ ■ ▲ ▲ ★ = 24

★ ★ ■ ■ ◆ = 32

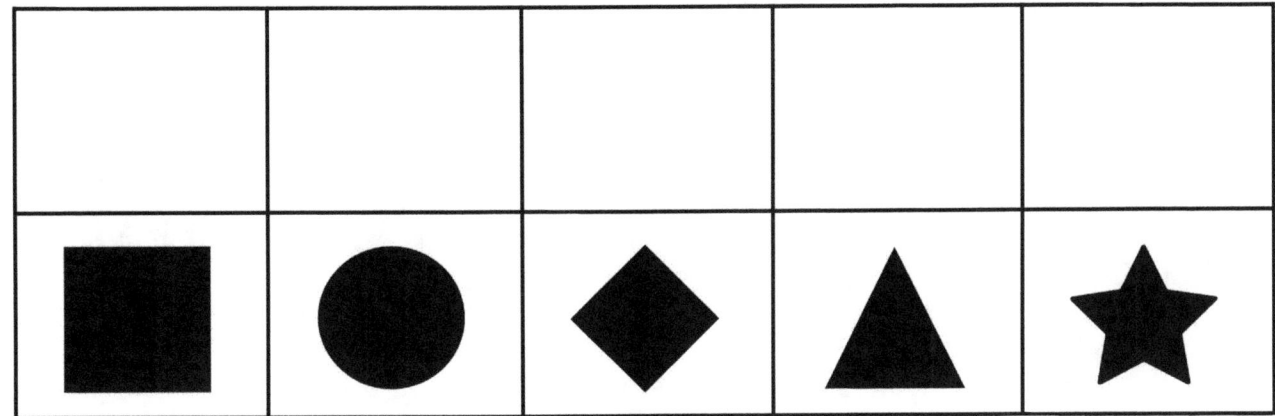

5	1	6	3	8
■	●	◆	▲	★

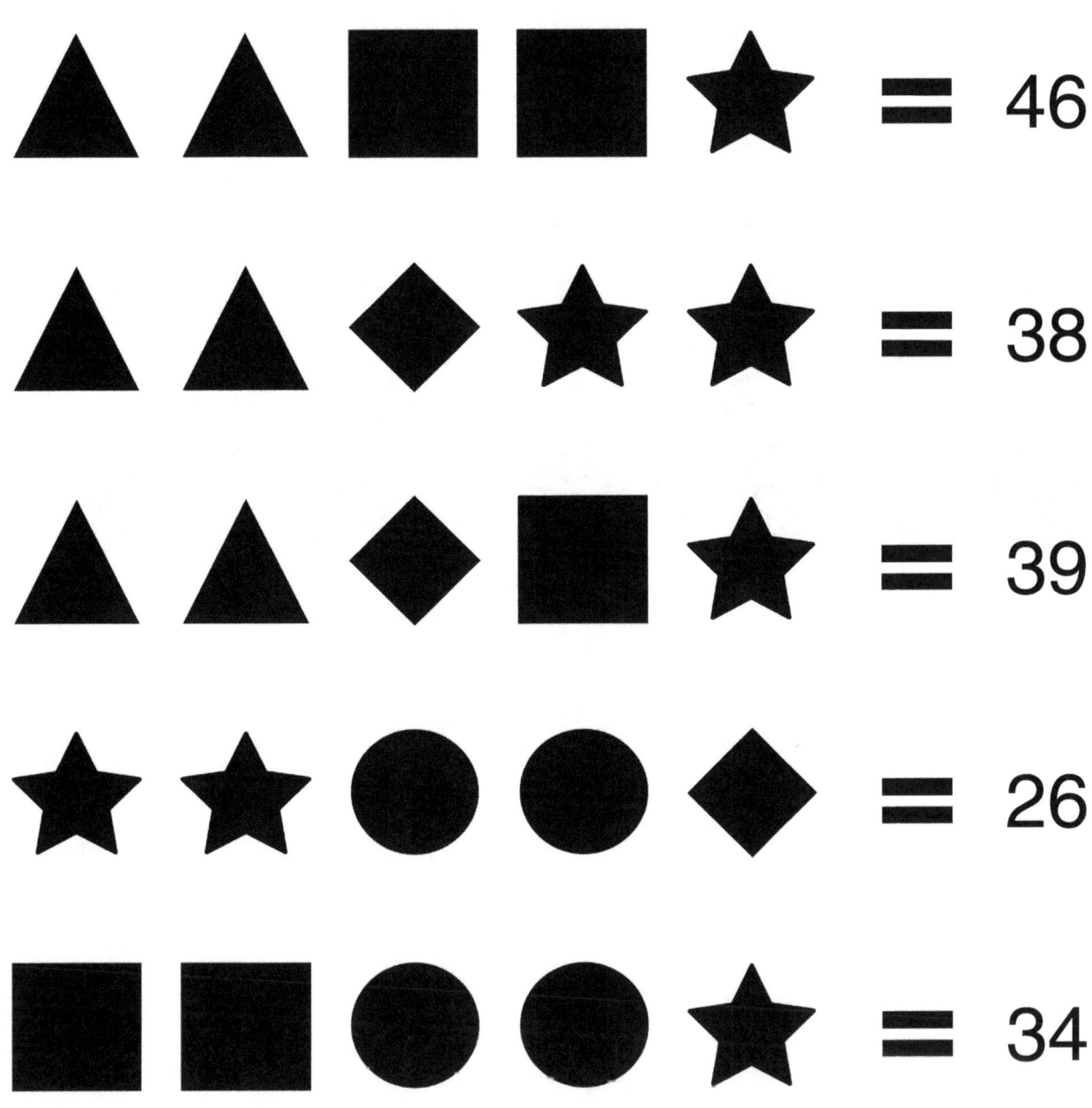

9	4	2	10	8
■	●	◆	▲	★

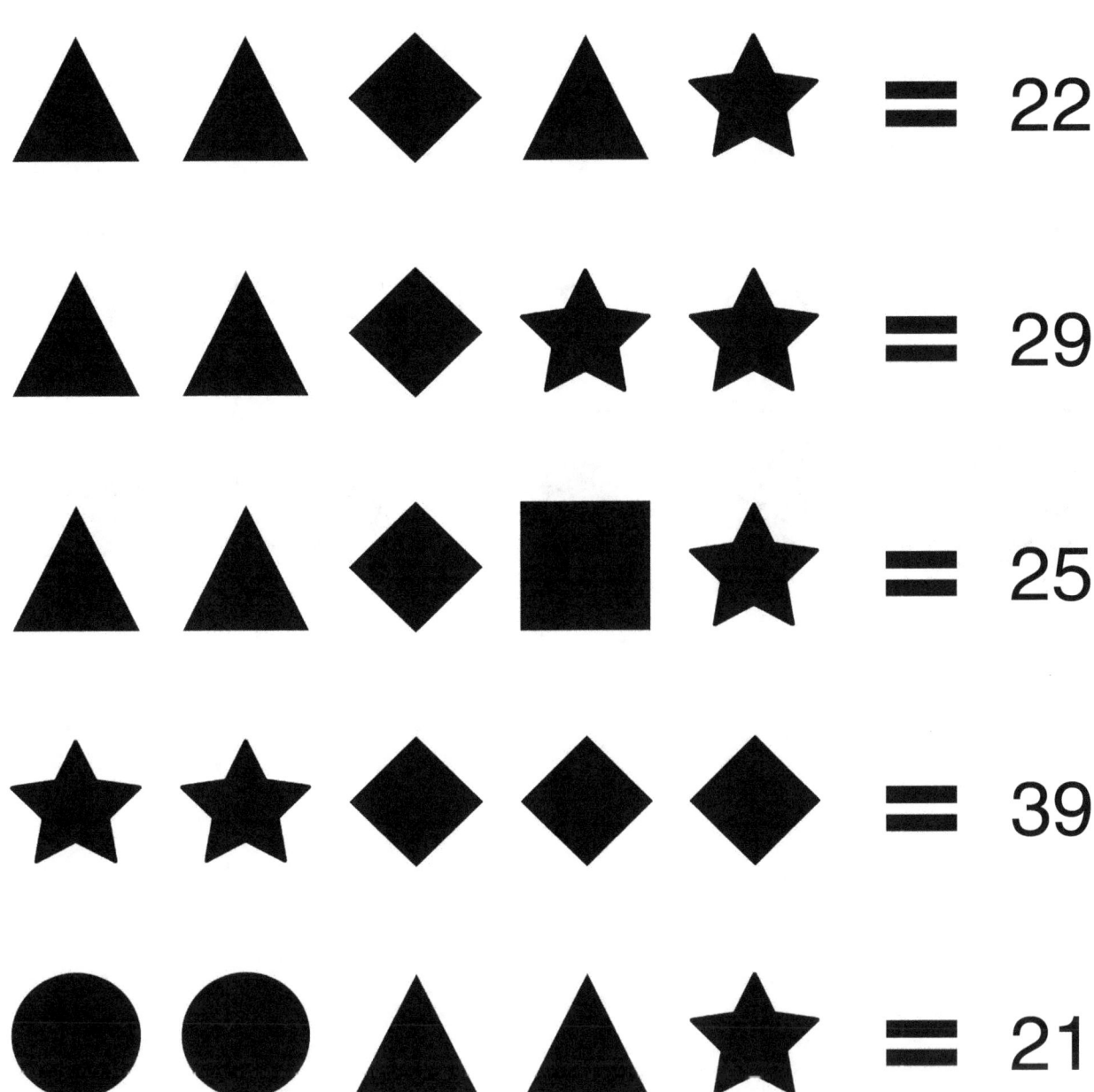

5	4	7	2	9
■	●	◆	▲	★

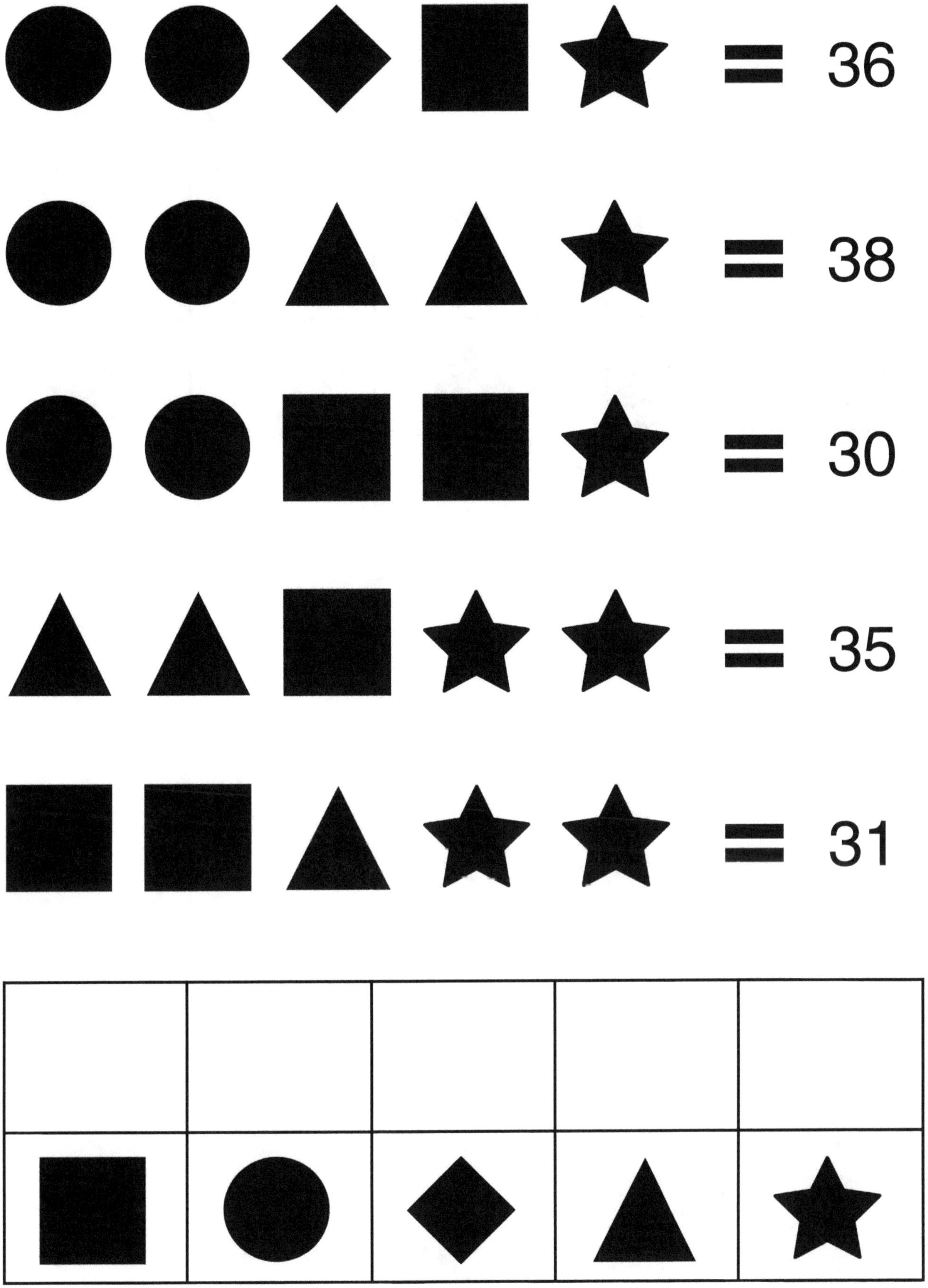

● ● ◆ ■ ★ = 36

● ● ▲ ▲ ★ = 38

● ● ■ ■ ★ = 30

▲ ▲ ■ ★ ★ = 35

■ ■ ▲ ★ ★ = 31

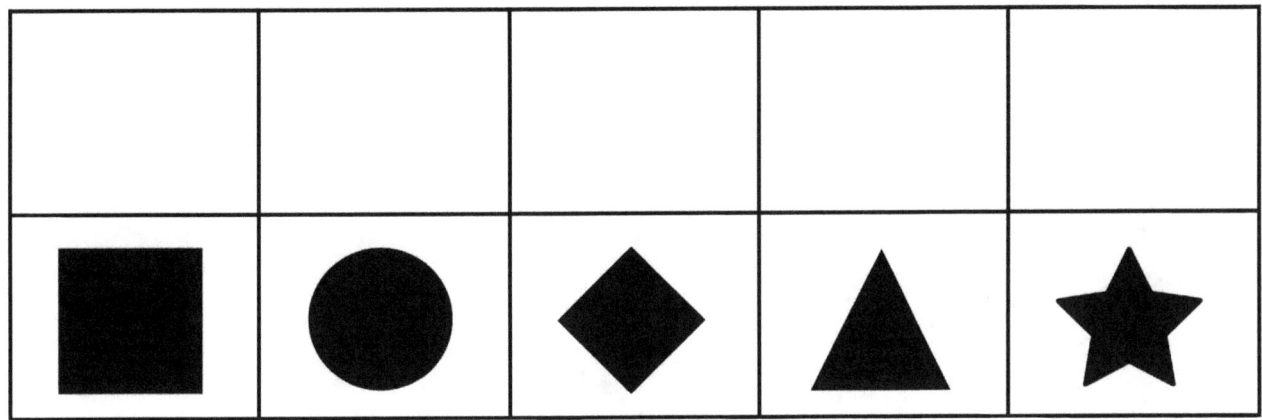

1	8	7	5	12
■	●	◆	▲	★

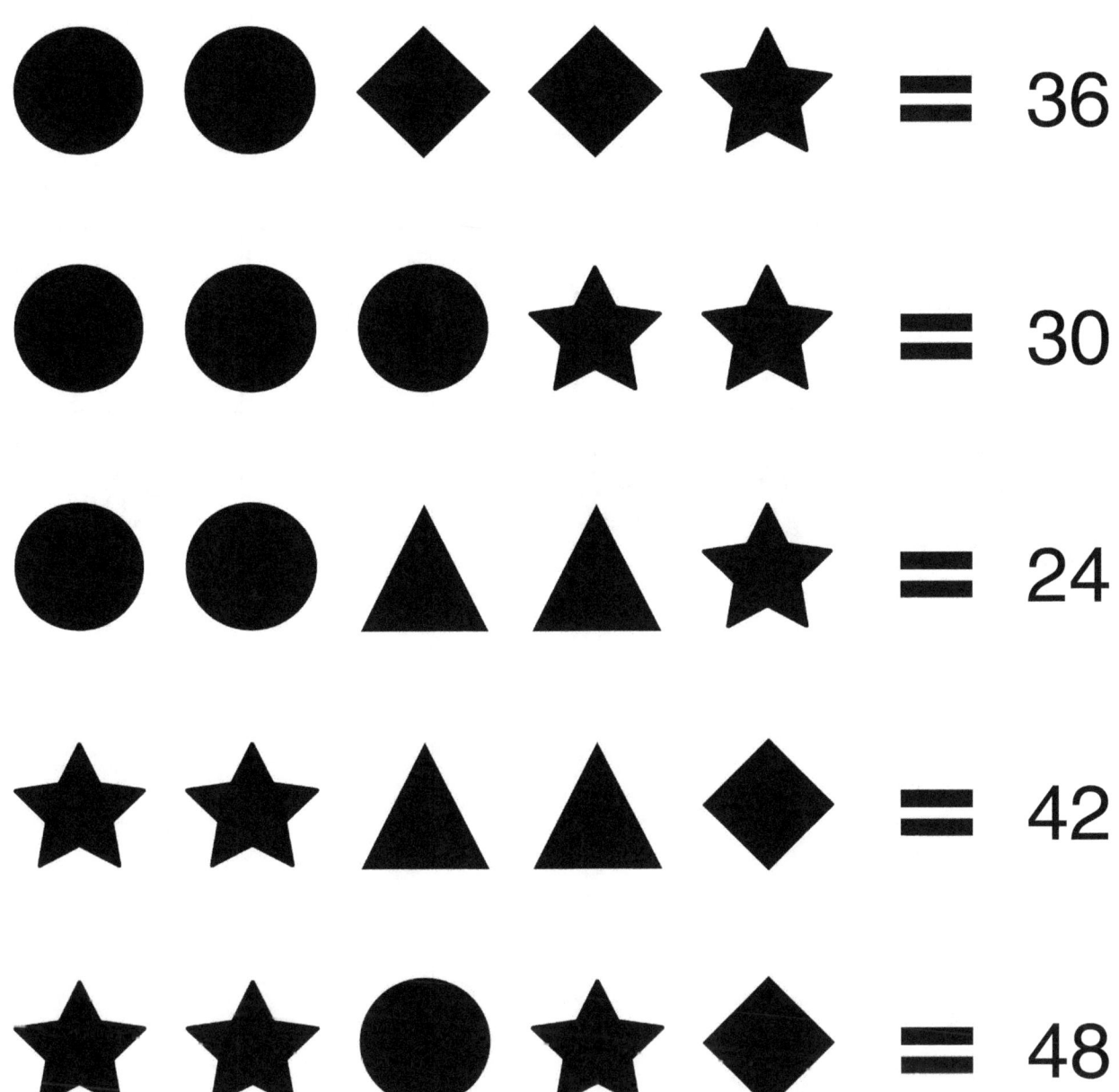

9	2	10	4	12
■	●	◆	▲	★

Printed in the USA
CPSIA information can be obtained
at www.ICGtesting.com
LVHW080736200624
783539LV00047B/2009